KB075079

10대를
위한 직업의
세계

세
계

RIASEC

06
관습형(C)

스토리텔링연구소 지음

(주) 삼양미디어

CONTENTS

Conventional

C

PUBLIC OFFICIAL 공무원(관습형)

TELLER(BANK CLERK) 은행원(관습형)

R I A S E C

01 ▷ 홀랜드 검사란?

　　세상에는 수많은 직업이 있고, 사람들은 다양한 직업에 종사하며 살아갑니다. 그런데 직업을 가진 어른들 중에서 자신이 정말 원하는 직업을 갖고 있는 경우는 의외로 드물다고 합니다. 자신의 적성과 능력에 잘 맞는 직업을 선택하여 살아간다면 일이 즐겁고, 능력을 발휘할 기회도 많아져서 삶 자체가 더욱 행복해질 수 있겠지요. 그렇지만 자신의 적성과 흥미에 맞는 직업이 무엇인지를 아는 일은 쉽지 않습니다. 이럴 때 도움을 받을 수 있는 것이 적성검사나 흥미검사입니다. 이러한 검사를 통해 자신이 좋아하고 관심 있는 것과 잘할 수 있는 것, 자신의 성격과 장점을 보다 잘 파악할 수 있습니다.

　　오늘날 진로와 적성을 탐색하는 검사 방법이 많이 개발되어 있는데, 그 중에서 이 책에 소개하고자 하는 것은 홀랜드 검사 방법입니다.

　　홀랜드 검사는 미국의 저명한 심리학자 존 홀랜드가 사람의 직업적 성격 이론에 근거하여 만든 진로 및 적성 탐색 검사입니다. 홀랜드 검사에서는 이 세상에 존재하는 모든 직업을 특성이나 종사하는 사람들의 성격에 따라 6개의 유형으로 구분하고 있으며, 6가지 진로 유형을 'RIASEC 유형'이라고 합니다. RIASEC은 R형(Realistic, 실재형), I형(Investigative, 탐구형), A형(Artistic, 예술형), S형(Social, 사회형), E형(Enterprising, 기업형), C형(Conventional, 관습형)의 앞 글자를 딴 용어입니다.

　　• 존 홀랜드(John L. Holland, 1919~2008) 미국 존스홉킨스 대학 심리학과 명예교수로서 진로 발달 및 선택 이론인 홀랜드 직업적성검사를 개발했습니다. 그가 개발한 '직업적 성격 이론'은 개인의 성격과 직업적 환경과의 상호 연관성에 바탕을 두고 확립되었으며, 이 이론은 현재 전 세계의 진로 발달 및 상담 학계에서 가장 많이 이용되고 있습니다.

　　그의 저서 〈직업의 선택(Making Vocational Choices)〉은 진로 상담 부문에서 최고의 책으로 인정받고 있으며, 고트프레드슨과 함께 출간한 〈직업코드사전(DHOC)〉을 통하여 직업사전에 있는 거의 모든 직업을 홀랜드 코드화하였습니다. 이러한 공로를 인정받아 1995년에는 미국 심리학회에서 수여하는 '저명한 학자로서의 학술상'을 받았습니다.

　　그의 검사 중 특히 홀랜드 SDS(Self Directed Search, 자기탐색검사)가 가장 널리 인정받고 있으며, 그 밖에 NEO 청소년성격검사, NEO 성인성격검사 등도 많이 이용되고 있습니다.

02 홀랜드 검사의 직업 유형 6가지

홀랜드 검사에서는 6가지 유형을 기본으로 하여 검사 결과에서 가장 많이 나타나는 두 가지 유형을 자신의 성격 유형 및 진로 코드로 정합니다(예 SC형). 왜냐하면 한 사람의 유형을 한 가지 유형으로 단정할 수 없기 때문입니다. 경우에 따라 세 가지 유형을 묶어서 표현할 수도 있습니다(예 SCA형). 검사 결과에서 가장 많은 유형을 제1유형, 그 다음으로 제2유형, 제3유형이 결정됩니다.

• 홀랜드의 RIASEC 유형 모형

실재형 (R)

성격 · 적성 말이 적고 운동을 좋아함 /신체적 활동을 좋아하고 소박하고 솔직함 / 성실하며 기계적 적성이 높음

대표 직업 항공기정비사, 항공기조종사, 비파괴검사원, 조리사, 제과제빵사, 칵테일 조주기능사, 소믈리에, 바리스타, 경찰관, 소방관, 안경사, 응급구조사, 연극영화 및 방송기술감독, 자동차기술자, 전기기술자, 치과기공사, 통신기술사

탐구형 (I)

성격 · 적성 탐구심이 많고 논리적이며 분석적임 / 합리적이며 지적호기심이 많고 수학적 · 화학적 적성이 높음

대표 직업 미래직업트랜드 연구원, 비파괴검사원, 경영컨설턴트, 경제학 연구원, 마케팅 및 여론조사 전문가, 물리학 연구원, 생물학 연구원, 심리학 연구원, 언어치료사, 의사, 치과의사, 통역가, 화학 연구원

관습형 (C)

성격 · 적성 책임감이 있고 빈틈이 없음 / 조심성이 있고 변화를 좋아하지 않음 / 계획성이 있으며 사무 능력과 계산 능력이 높음

대표 직업 공무원, 경리사무원, 공인회계사, 관세사, 보험계리사, 비서, 사서, 손해사정사, 안전관리사, 증권분석가, 출납창구사무원, 출판물편집자, 컴퓨터보안전문가(프로그래머), 텔레마케터

예술형 (A)

성격 · 적성 상상력이 풍부하고 감수성이 강함 / 자유분방하며 개방적임 / 예술적 소질이 있으며 창의적 적성이 높음

대표 직업 헤어디자이너, 메이크업 아티스트, 피부관리사, 건축설계사, 게임그래픽디자이너, 만화가, 음악가, 방송연출가, 작가, 번역가, 사진기자, 안무가, 영화배우 및 탤런트, 인테리어 디자이너, 일러스트레이터, 카피라이터

기업형 (E)

성격 · 적성 지도력과 설득력이 있음 / 열성적이고 경쟁적이며 이상적임 / 외향적이고 통솔력이 있으며 언어적성이 높음

대표 직업 검사, 광고기획자, 사업가(CEO), 방송기자, 변호사, 정치가, 영업사원, 외교관, 부동산중개인, 선박항해사, 세무사, 아나운서, 연예인 매니저, 행사기획자, 호텔관리자

성격 · 적성 다른 사람에게 친절하고 이해심이 많음 / 남을 잘 도와주고 봉사적임 / 인간관계 능력이 높으며 사람들을 좋아함

대표 직업 경찰, 항공기객실승무원, 이미지컨설턴트, 간호사, 레크레이션 강사, 물리치료사, 미용사, 사회복지사, 상담전문가, 영양사, 유치원 교사, 중고등학교 교사, 직업능력개발훈련 교사

사회형 (S)

What's your DREAM?

03 홀랜드 검사 영역과 진행 순서

홀랜드 검사는 일선 초등학교와 중등학교에서 학교 차원에서 이루어지기도 하고, 지방자치단체에서 청소년들을 대상으로 시행하기도 하며, 한국심리적성검사연구소 등 사설 심리연구소에서도 시행하고 있습니다.

홀랜드 검사 영역은 크게 진로탐색검사, 적성탐색검사, 자기탐색검사(SDS)로 나뉩니다. 검사 주최나 기관에 따라 조금씩 차이가 있지만, 검사 질문지의 주요 내용은 활동적 흥미 66문항, 직업적 흥미 84문항, 성격 72문항, 적성 유능감 66문항, 자기 평정 12문항 등으로 구성됩니다. 그 밖에 가치관에 관한 문항이나 진로코드의 전공 및 직업 찾기 문항은 검사 영역에 따라 문항 수에 차이가 납니다.

• **홀랜드 검사의 진행 순서**

1 홀랜드 직업적 성격 유형 6가지, 즉 RIASEC의 '기본적 설명과 직업 예'를 보고 자신이 생각하는 유형의 순위를 매깁니다.

2 자신이 좋아하고 잘 맞을 것 같은 학과 및 직업을 〈간편 진로코드 분류표〉를 이용하여 각각 3개씩 작성합니다.

3 흥미/가치/성격/능력(유능감)/자기 평정 등 스스로 자기를 점검한다는 생각으로 솔직하게 체크합니다.

4 검사 전과 검사 후의 코드를 비교하고, 진로코드 및 유형 간의 일치도/변별도/일관도를 알아보고, 검사 후 밝혀진 객관적인 자기유형을 알아봅니다.

5 RIASEC 유형에 대해 진행자의 설명을 듣고 이해합니다. 이때 진행자는 '가치관 검사'를 병행할 수도 있습니다.

6 간편 진로코드 분류표를 보고, 자신이 좋아하고 관심이 많이 가는 직업(자신의 진로코드를 기준으로)을 20여 개 알아봅니다.

7 진행자는 〈직업정보시스템〉과 〈직업사전〉을 통해 직업 정보를 찾아보도록 합니다.

홀랜드 검사의 결과 활용

홀랜드 검사 결과로 나온 각 유형별 성격 및 특징, 직업 활동 선호도, 적성 유능감 및 대표 직업은 다음과 같습니다.

유형	실재형(R형)	탐구형(I형)	예술형(A형)
성격 및 특징	– 남성적이고 솔직하며, 성실하고 검소하다. – 지구력이 있고, 신체적으로 건강하며, 소박하다. – 말수가 적으며 고집이 있고, 직선적이며 단순하다.	– 탐구심이 많고 논리적·분석적·합리적이다. – 정확하고 지적 호기심이 많으며, 비판적이다. – 내성적이고 수줍음을 잘 타며, 신중하다.	– 상상력과 감수성이 풍부하다. – 자유분방하며 개방적이다. – 감정이 풍부하고 독창적이며, 개성이 강하다. – 협동성이 떨어진다.
직업 활동 선호도	– 분명하고 질서정연하며, 체계적인 조작을 주로 하는 기술을 좋아한다. – 교육적이거나 치료적 활동은 좋아하지 않는다.	– 물리적·생물학적·문화적 현상의 창조적 활동에 흥미를 보인다. – 사회적이고 반복적인 활동에는 관심이 떨어진다.	– 변화와 다양성을 좋아한다. – 체계적이고 구조화된 활동에는 흥미가 없다.
적성 유능감	-- 기계적·운동적인 능력은 있으나 대인관계 능력은 부족하다.	– 연구 능력이 높다. – 학구적이며, 지적인 자부심이 있다. – 수학적, 과학적 능력은 높으나 지도력이나 설득력은 부족하다.	– 미술적·음악적 능력은 있으나, 사무적 기술은 부족하다. – 상징적·자유적·비체계적인 능력은 있으나 체계적, 순서적인 능력은 부족하다.
대표 직업	엔지니어, 운동선수, 농부, 요리사, 군인, 항공기 조종사, 항공기 정비사, 전기 기계기사 등	과학자, 의사, 심리학자, 수학자, 교수, 인류학자, 지질학자, 의료기술자 등	음악가, 작가, 건축가, 방송연출가, 만화가, 무대감독, 배우, 미술가, 무용가, 디자이너 등

* **유능감** 개인이 감각과 운동 능력을 사용하고 발전시키려는 강한 내적 경향성.

사회형(S형)	기업형(E형)	관습형(C형)
- 사람들을 좋아하고, 사람들과 어울리는 것을 즐겨한다. - 친절하고 이해심이 많으며, 남을 잘 도와주고, 봉사정신이 강하다. - 감정적이고 이상주의적이다.	- 지배적이고 통솔력과 지도력이 있다. - 말을 잘하고 설득적이다. - 경쟁적이고 야심적이다. - 외향적이고 낙관적이며, 열성적이다.	- 정확하고 빈틈이 없다. - 조심성이 있으며, 세밀하고 계획성이 있다. - 변화를 좋아하지 않으며 완고하다. - 책임감이 강하다.
- 타인의 문제를 듣고 이해하는 데 흥미를 보이지만, 질서정연하고 체계적 활동에는 흥미가 없다.	- 조직의 목적과 경제적 이익을 얻기 위해 타인을 이끌고 통제하는 것을 좋아한다. - 권위를 얻거나 남에게 인정받는 활동을 좋아한다. - 관찰적, 체계적 활동에는 흥미가 없다.	- 정해진 원칙과 계획에 따라 자료들을 정리, 조작하는 일을 좋아한다. - 창의적이고 자율적이며, 모험적인 활동에는 혼란을 느낀다.
- 사회적 · 교육적 지도력과 대인관계능력은 있으나, 기계적 · 과학적 능력은 부족하다.	- 적극적이고 사회적이다. - 지도력과 언어 능력은 있으나 과학적인 능력은 부족하다. - 대인관계, 설득적인 능력은 있으나 체계적 능력은 부족하다.	- 사무적이며 계산적이다. - 회계정리 능력은 있지만 예술적인 면이나 상상하는 능력은 부족한 편이다. - 체계성 · 정확성은 있으나 탐구적 · 독창적 능력은 부족하다.
교육자, 사회복지사, 경찰, 항공기 객실승무원, 간호사, 종교지도자, 상담사, 임상치료사, 언어치료사 등	사업가(CEO), 정치가, 변호사, 영업사원, 외교관, 관리자 등	공인회계사, 행정공무원, 비서, 은행원, 컴퓨터보안전문가(프로그래머), 경제분석가, 세무사, 경리사원, 감사원, 안전관리사, 사서, 법무사 등

홀랜드 검사를 통해 자신의 적성과 흥미를 파악한 후, 미래에 갖고 싶은 직업을 정했다면 이제 그 직업을 갖기 위해 꾸준히 노력해야 합니다. 이렇게 하고 싶은 일을 일찍 준비하여 능력을 가꾸어 나간다면 꿈을 이루는 순간이 더욱 빨리 찾아올 것입니다.

컴퓨터
프로그래머

관습형

COMPUTER PROGRAMMER

컴퓨터 프로그래머(관습형)

오늘날에는 스마트폰을 이용하여 언제 어디서든 인터넷을 하고, 멀리 떨어져 있는 친구와 이메일이나 SNS를 통해 소식을 주고받습니다. 또 컴퓨터를 이용해 게임을 하고 회사에서는 다양한 프로그램을 활용하여 업무를 처리합니다. 이렇게 사람들이 스마트 기기나 컴퓨터를 이용해 편리한 생활을 누릴 수 있게 된 것은 모두 컴퓨터 프로그래머 덕분입니다.

01 컴퓨터 프로그래머 이야기

1 컴퓨터 프로그래머란?

컴퓨터 프로그래머는 컴퓨터가 인식할 수 있는 컴퓨터 언어를 사용해 필요한 명령 체계나 시스템, 즉 편리하고 다양한 컴퓨터 프로그램을 만드는 일을 합니다.

컴퓨터를 정의하면 '전자회로를 이용해 다양한 종류의 데이터를 처리하는 기기'라 할 수 있습니다. 이런 관점에서 데스크톱 컴퓨터와 노트북은 물론 스마트폰, 태블릿 PC, 내비게이션, 블랙박스, 항공기 제어장치 등도 모두 컴퓨터에 속한다고 할 수 있습니다.

컴퓨터에서 우리가 눈으로 볼 수 있는 CPU, 램, 하드디스크와 같은 부품들을 하드웨어라 하고, 눈으로 바로 볼 수는 없지만 하드웨어가 특정 동작을 할 수 있도록 명령하는 다양한 프로그램을 소프트웨어라고 합니다. 최근에는 컴퓨터 프로그래머들이 애플리케이션 개발이나 게임 프로그래밍 쪽으로도 분야를 넓혀가고 있습니다.

2 컴퓨터 프로그래머의 종류

컴퓨터 프로그래머는 프로그래밍을 하는 분야에 따라 다양하게 나뉩니다. 우선 컴퓨터를 작동하거나 컴퓨터 시스템 자체의 기능을 수행하기 위해 가장 기본적으로 필요한 시스템 소프트웨어를 만드는 시스템 프로그래머가 있습니다. 그리고 한글이나 엑셀과 같은 응용 프로그램을 만드는 응용 프로그래머가 있습니다.

응용 프로그래머는 전문 분야에 따라 재무관리 시스템 프로그래머, 통계처리 시스템 프로그래머, 게임을 개발하는 게임 프로그래머, 인터넷 홈페이지 등을 만드는 웹 프로그래머, 가전제품에 들어가는 프로그램을 개발하는 임베디드 프로그래머, 스마트폰의 앱을 개발하는 모바일 앱 프로그래머 등이 있습니다.

앞으로 컴퓨터의 프로그래밍이 요구되는 분야가 점점 더 많아지면서

Tip

응용 프로그램을 활용하여 개인이나 기업은 워드프로세서, 통계 처리, 급여 관리, 게임 등을 할 수 있습니다.

컴퓨터 프로그래머의 수와 분야도 점점 늘어날 것으로 전망됩니다.

3 컴퓨터 프로그래머가 되려면

현재 컴퓨터 분야는 발전하는 주기가 점차 짧아지고 있습니다. 따라서 컴퓨터 프로그래머는 새로운 것에 대해 흥미를 갖고, 새로운 변화를 추구하는 사람에겐 더할 나위 없이 좋은 직업입니다.

고등학교는 과학 고등학교에 입학하거나 일반고의 경우 이과를 선택하는 것이 좋습니다. 아니면 컴퓨터 관련 특성화 고등학교에 입학하면 좀 더 전문적으로 컴퓨터를 배울 수 있습니다.

대학교에서는 컴퓨터 공학과나 수학과를 선택하는 것이 유리합니다. 대학에서는 컴퓨터 분야에 대해 더욱 깊이 공부할 수 있고, 함께 공부하는 친구, 선후배를 만날 수 있어 미래의 좋은 동료를 사귈 수 있습니다. 우리가 잘 아는 스티브 잡스나 빌 게이츠도 컴퓨터를 함께 공부했던 동료와 창업했습니다.

대학교 졸업 후에는 자신이 원하는 분야의 컴퓨터 프로그래밍 직업을 선택할 수 있습니다. 주로 IT 기업이나 일반 기업의 시스템 관련 부서에 취업하게 됩니다. 대학 시절에 컴퓨터 프로그래밍에 대해 뛰어난 실력을 발휘하거나 공모전에서 많이 입상하면 특채로 회사에 들어갈 수도 있습니다. 또 회사에 들어간 이후에도 실력을 인정받으면 사업가나 프리랜서로 폭넓게 일할 수 있습니다.

> **Tip**
>
> 컴퓨터 프로그래밍은 수학적 지식과 논리적 사고를 바탕으로 새로운 것을 재창조하는 것이므로 수학 공부를 열심히 하고, 사물을 창의적으로 바라보는 습관을 기른다면 훌륭한 컴퓨터 프로그래머가 될 수 있습니다.

4 컴퓨터 프로그래밍의 단계, 코딩의 중요성

컴퓨터가 인식할 수 있는 언어는 일상에서 쓰는 언어와 다릅니다. 컴퓨터는 0과 1로만 이루어지는 이진 언어를 사용하는데, 이와 같은 언어를 기계어라고 합니다. 그런데 0과 1로만 이루어진 기계어는 사람들이 이해하기 어렵습니다. 그래서 컴퓨터 프로그래머는 이해하기 좀 더 쉬운 프로그래밍 언어라는 것을 사용합니다. 프로그래밍 언어란 프로그래밍 작업을 할 때 좀 더 수월하게 프로그램을 만들도록 설계한 언어입니다. 프로그래밍 언어에는 크게 세 가지가 있습니다.

프로그래밍 언어	특징
C 언어	컴퓨터 언어, 즉 기계어와 가장 가까운 형태로 기술할 수 있는 프로그래밍 언어입니다. 프로그램을 만들 때 가장 기본이 되는 언어이지만 언어 자체가 어려워서 배우기까지 많은 노력이 필요합니다.
C++	C 언어의 기능을 확장하여 개발한 프로그래밍 언어로서 큰 응용 프로그램을 만드는 데 적합합니다. 하지만 그만큼 복잡하다는 단점이 있습니다.
자바	C++와 비슷하지만 보다 쉬워서 배우기 쉽다는 장점이 있지만 활용도 면에서는 C 언어에 비해서 떨어지는 편입니다.

이처럼 프로그래밍 언어는 각자의 특성과 장단점이 있으므로 목적에 따라 쓰이는 언어도 달라집니다.

어떤 프로그래밍 언어로 작업할지를 결정하면 이제 프로그램 만드는 작업을 해야 하는데, 이 작업을 코딩(coding)이라고 합니다. 코딩을 어떻게 하는가에 따라 실제 프로그램이 어떠한 동작을 할 수 있는지가 결정되므로 코딩의 역할은 매우 중요합니다.

최근 영국이나 핀란드 등에서는 코딩 교육을 정규 교육으로 지정했다고 합니다. 정보화 시대에 발맞출 수 있고, 코딩 교육을 통해 수리력과 창의력을 발달시킬 수 있기 때문입니다. 미국의 오바마 대통령이나 2014년 노벨 평화상 수상자인 말랄라 유사프자이 등 해외 저명인사들

Tip_____.

컴퓨터 프로그래머를 소설가에 비유하면, 코딩은 작품에 해당한다고 할 수 있습니다. 소설가가 프로그래밍 언어를 사용하여 마음껏 자신의 능력을 발휘하여 소설을 쓰는 과정이라 할 수 있습니다.

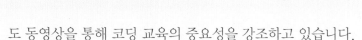

도 동영상을 통해 코딩 교육의 중요성을 강조하고 있습니다.

5 직업 전망

컴퓨터 프로그래머는 미래의 유망직종 중 하나입니다. 컴퓨터가 들어가는 상품의 수가 점점 늘어나고 있고, 웹 사이트 상에서의 정보 교류와 전자상거래도 활발해지고 있기 때문입니다.

늘 새로운 변화에 맞춰야 하고, 어려운 컴퓨터 언어로 프로그램을 설계하기 때문에 힘든 부분도 있지만 실력만 있다면 국내의 유명한 회사에 취업할 수 있고, 더 나아가 미국 등의 선진국에서도 일자리를 구하기가 쉽습니다. 세계 소프트웨어 산업의 중심지인 실리콘밸리로 진출할 수도 있지요. 실제로 능력이 뛰어난 컴퓨터 프로그래머들은 자신이 원하는 나라에서 일을 하며 살고 있습니다.

또한 연관된 직종도 많은 편입니다. IT 컨설턴트나 컴퓨터 보안전문가, 가상현실 전문가 중에는 컴퓨터 프로그래머 출신들이 많습니다. 사업에 재능이 있다면 IT 회사를 설립하여 사업가에 도전해 보는 것도 좋습니다.

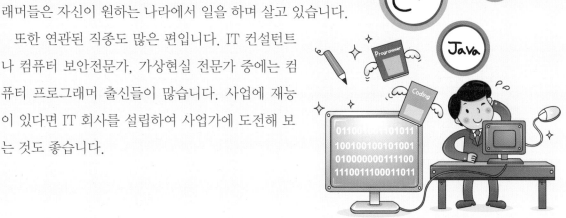

17

02 컴퓨터 프로그래머의 종류

1 시스템 프로그래머

시스템 프로그래머란 컴퓨터 내의 여러 가지 프로그램을 쉽게 사용할 수 있게 하는 운영시스템 즉, 운영체제를 만드는 사람입니다. 우리가 컴퓨터 전원을 켰을 때 가장 먼저 눈에 들어오는 윈도나 맥(Mac) OS가 바로 운영체제에 해당합니다. 이러한 운영체제 덕분에 사람들은 컴퓨터를 쉽게 다룰 수 있습니다.

시스템 프로그래머의 작업 과정을 살펴보면 '분석 → 설계 → 코딩 → 시험 단계'의 과정을 거칩니다. 이 중 어떤 시스템을 개발할 것인지 기획하고 설계하는 것이 분석과 설계 단계입니다. 그리고 프로그래머가 선택한 언어로 실제로 프로그램이 운영되는지 구현해보는 단계가 코딩 단계입니다. 마지막으로 시험 단계를 거쳐서 베타버전을 만듭니다. 베타버전이란 상품 출시 전에 일반인들에게 배포하여 반응을 살피는 시스템입니다. 베타버전의 반응이 좋으면 상품으로 출시합니다. 일반적으로 시스템 프로그램이 출시되기까지 평균 4년 정도 걸리는데 그 동안의 노력이 빛을 보는 순간입니다. 물론 상품이 출시된 이후에도 지속적으로 프로그램에 대한 유지·보수를 위해 업데이트를 해 줘야 합니다. 윈도나 맥이 시리즈로 출시되듯이 늘 다음 버전에 대해 고민을 하며 연구를 해야 합니다.

시스템 프로그래머는 일반적으로 시스템 소프트웨어 개발 업체나 각 기업의 전산실 쪽으로 취업합니다. 경력을 쌓아서 임베디드 컴퓨터 프로그래머 쪽으로 전환할 수도 있고, 나아가 IT 컨설턴트와 같은 관련 분야로 진출할 수도 있습니다.

2 응용 프로그래머

응용 프로그래머는 특정 목적을 위한 응용 프로그램을 만드는 일을 합니다. 가령 컴퓨터를 처음 구입하면 윈도나 맥과 같은 기본적인 운영체제만 설치되어 있습니다. 이 상태에서 구입자는 자신이 필요한 프로

Tip

시스템 프로그래머는 컴퓨터의 하드웨어가 응용 프로그램에 의해 제대로 움직일 수 있도록 하는, 중재자 역할을 하는 프로그램을 만들고 관리합니다.

Tip

시스템 프로그래머는 가장 기본이 되는 프로그램을 만들기 때문에 넓은 시야와 깊이 있는 컴퓨터 지식을 갖추고 있어야 합니다.

그램을 설치해야 합니다. 문서작업을 많이 하는 사람은 한글 워드프로세서나 MS워드를 설치하고, 사진을 찍고 수정하는 걸 좋아하는 사람은 포토샵을 설치합니다. 학교에서는 학생들의 성적과 발달 상황을 기록할 수 있는 프로그램을, 방송국에서는 영상편집 프로그램을 설치합니다. 이렇게 목적에 맞게 응용할 수 있는 프로그램을 응용 프로그램이라고 합니다.

응용 프로그램을 만들기 위해서는 먼저 사람들이 원하는 프로그램이 무엇인지 알아보기 위해 시장조사를 합니다. 예를 들어 사진 보정을 위한 포토샵 응용 프로그램을 만든다면 먼저 사진 보정을 좋아하는 사람들에게 의견을 묻습니다. 그리고 경쟁사의 응용 프로그램의 장단점은 무엇인지, 어떤 효과를 추가하면 좋을지를 알아보고 그에 맞춰서 프로그램을 만듭니다. 제품을 출시한 후에는 소비자들의 반응을 파악하여 다음 번 프로그램을 만들 때 적용합니다.

현재 응용 프로그램 시장은 굉장히 넓고, 앞으로 점점 커질 것으로 예상됩니다. 컴퓨터 작업을 하면서 좀 더 편리한 프로그램을 원하는 사람들이 늘고 있기 때문입니다.

최근 새롭게 뜨고 있는 응용 프로그램의 영역은 다음과 같습니다.

1) 임베디드 프로그래머

임베디드 프로그래머는 컴퓨터가 아닌 전자기기의 프로그램을 개발하는 사람입니다. '임베디드(embedded)'란 뜻을 사전에서 찾아보면 '어딘가에 끼워 넣다', '파견하다'라는 뜻을 가지고 있습니다. 즉, 컴퓨터가 아닌 물건에 컴퓨터 관련 프로그램을 끼워 넣는 것이라고 생각하면 됩니다.

임베디드 프로그램은 우리 주변에서 쉽게 찾을 수 있습니다. 텔레비전, 청소기, 자동차, 스마트폰, 심지어 밥솥에도 임베디드 프로그램이 들어가 있습니다. 예를 들어 밥솥에서 쌀의 종류, 시간 등에 따라서 사람들이 원하는 밥이 나오게끔 선택할 수 있습니다. 이처럼 임베디드 프로그래머는 사람들의 일상생활을 보다 편리하게 만들기 위해 노력합니다.

임베디드 프로그래머는 시장조사를 철저히 해야 합니다. 어떤 제품

Tip

널리 대중적으로 쓰이는 응용 프로그램에는 문서작성 프로그램, 회계서류관리 프로그램, 데이터베이스관리 프로그램, 그림과 음향을 처리하는 프로그램 등이 있습니다.

Tip

응용 프로그래머는 사람들이 필요로 하는 프로그램을 만들어야 하기 때문에 어떻게 만들 것인지를 끊임없이 고민해야 합니다. 늘 좀 더 편리하고 새로운 것을 추구하는 소비자들의 욕구를 만족시켜 주는 일이 힘들기도 하지만 그만큼 세상을 앞서 나간다는 자부심을 가질 수 있습니다.

Tip

임베디드 프로그래머는 미래 유망 직업 중 하나입니다. 좀 더 편리한 자동화 생활을 원하는 사람들의 욕구에 비해 전문가의 숫자는 적기 때문입니다.

19

에 어떤 기능이 추가되느냐에 따라서 제품의 판매량이 달라질 수 있기 때문입니다. 또 소형기기에 다양한 기능을 설치하는 일도 많기 때문에 하드웨어에 대한 지식을 갖추고 있어야 유리합니다. 복합기나 스마트폰처럼 하나의 제품에 다양한 기능이 탑재되어 있는 제품이 늘고 있는 추세이므로 늘 다른 분야에 관심을 갖는 습관을 들여야 합니다.

2) 웹 프로그래머

　웹 프로그래머는 홈페이지나 인트라넷과 같이 컴퓨터와 인터넷이 연결되어 있는 상태에서 작업할 수 있는 프로그램을 만드는 사람입니다. 각종 홈페이지나 블로그, 네이버와 같은 포털 사이트를 이용할 수 있게 된 것도 웹 프로그래머들 덕분입니다.

　인터넷 세상에서 웹 프로그래머의 역할은 굉장히 중요합니다. 누구나 한 번쯤은 원하는 사이트가 열리지 않아 불편을 겪었던 적이 있을 것입니다. 웹 프로그래머는 프로그래밍 언어를 통해서 우리가 인터넷

사이트를 사용할 때 불편함이 없도록 정밀한 프로그램을 만듭니다. 또한 보안에도 신경을 많이 써야 합니다.

　웹 프로그래머들은 웹 프로그래밍 전문 회사에 들어가 일하는 경우가 많습니다. 웹 프로그래밍 회사들은 일반 회사로부터 의뢰를 받아서 작업을 합니다. 실력이 뛰어난 웹 프로그래머는 다른 회사에 속하지 않고 프리랜서로 일하면서 많은 돈을 벌기도 합니다.

3) 게임 프로그래머

　게임 프로그래머는 리니지나 스타크래프트와 같은 온라인 게임을 만드는 일을 합니다. 게임 프로그램을 만들기 위해서는 게임기획자, 게임 그래픽디자이너, 게임음악가가 필요합니다. 게임기획자가 게임의 스토리를 짜고, 그 스토리에 맞게 그래픽디자이너와 음악가가 게임의 기본 세계를 만듭니다. 이 자료들을 게임 프로그래머가 넘겨받아서 컴퓨터에서 게임을 할 수 있도록 게임 엔진을 만드는 겁니다. 아무리 좋은 스

Tip
게임 프로그래머는 일반 게임 외에도 어린이와 청소년을 위한 교육용 게임도 만들고, 국내 산업을 발전시키고 해외 수출까지 하는 등 경제 발전에 일익을 담당하고 있습니다.

토리와 멋진 그래픽이 있어도 프로그래머가 컴퓨터상에서 게임을 구현하지 못하면 아무 소용이 없기 때문에 게임 시장에서는 늘 좋은 인재를 필요로 합니다.

4) 모바일 앱 프로그래머

　모바일 앱 프로그래머는 스마트폰에서 사용하는 모바일 앱을 개발하는 일을 합니다. 스마트폰은 최대 용량이 32GB밖에 되지 않으므로 한정된 공간 안에 좋은 기능을 효과적으로 넣을 수 있어야 합니다. 즉 사용자의 요구 등을 생각하면서도 용량은 최소한으로 활용해야 하지요. 아무리 좋은 앱이라도 용량이 30GB가 넘는다면 아무 쓸모가 없습니다.

　또한 앱은 키보드가 아닌 손의 터치로 움직이므로 아이콘의 크기나 배치도 굉장히 중요합니다. 그래서 모바일 앱 프로그래머는 상업적 사고방식과 미적 감각, 프로그래밍 능력을 모두 갖추고 있어야 합니다.

　모바일 앱 프로그래머들은 기업 내 모바일 앱 부서나 모바일 앱 개발 회사에 취업합니다. 모바일 앱은 아이디어만 있다면 빠른 시간 안에 개발이 가능하고, 출시와 함께 바로 앱 마켓에 설치할 수 있어서 실시간으로 자신이 만든 완성품의 반응을 지켜볼 수 있습니다. 만약 혼자서 만들고 싶은 모바일 앱이 있다면 혼자서라도 만들어 마켓에 내놓을 수도 있습니다. 실제로 앱 마켓에는 10대들이 출시한 모바일 앱도 상당수 있습니다.

　컴퓨터 비전공자라고 해도 모바일 앱을 만들 수 있는 기회는 얼마든지 있습니다. 최근 미래창조과학부는 스마트모바일 앱개발지원센터(SMAC)라는 프로그래머 관련 교육센터를 개설하여 모바일 앱 개발 관련 강좌도 들을 수 있게 했으니 관심 있는 사람이라면 참고하기 바랍니다.

> **Tip**
>
> 모바일 앱 시장은 스마트폰이 출시된 후에 형성되었으므로 아직 미개척 분야가 많습니다. 따라서 젊은 감각을 지닌 청년들이 도전해 볼 만한 분야입니다.

03 역사, 책, 영화 속에서 만나는 컴퓨터 프로그래머

1 세계 최초의 전자식 컴퓨터, ABC

세계 최초의 컴퓨터는 1939년에 발명된 ABC라는 이름의 컴퓨터입니다. ABC는 아타나소프-베리 컴퓨터(Atanasoff - Berry Computer)의 약자로, 만든 사람이 존 빈센트 아타나소프와 클리포드 베리라는 사람입니다.

미국 아이오와 주립대학의 수학 및 물리학 교수인 아타나소프는 당시 학생들을 가르치면서 어려운 수학계산을 도와줄 장치가 필요했습니다. 하지만 당시 구할 수 있었던 기계식 계산기는 복잡한 계산을 할 수가 없어서 직접 디지털 계산기를 개발하기로 결심했습니다.

1934년부터 개발을 시작했지만 숱한 실패를 거듭한 끝에 대학원생이었던 클리포드 베리와 함께 1939년에 진공관을 사용한 최초의 전자식 컴퓨터를 개발했습니다. 당시 ABC는 280개의 진공관으로 구성되어 있으며, 무게 320kg에 크기는 책상만 했습니다.

많은 사람들이 세계 최초의 컴퓨터를 1946년에 발명된 에니악으로 알고 있지만, 특허 소송을 통해 ABC가 최초의 전자식 컴퓨터로 인정받았습니다. ABC의 개발자인 아타나소프는 오늘날 '디지털 컴퓨터의 아버지'로 불리고 있습니다.

2 세계 최초의 컴퓨터 프로그래머는 여성

흔히들 컴퓨터 프로그래머는 남자일 것으로 생각합니다. 그만큼 여성 컴퓨터 프로그래머가 드물다는 얘기입니다. 하지만 세계 최초의 컴퓨터 프로그래머는 에이다 바이런 러브레이스(1815~1852)라는 여성입니다. 영국의 낭만파 시인인 바이런의 딸이기도 하지요.

에이다 바이런 러브레이스는 아버지와 달리 어릴 때부터 수학을 좋아했고, 유명한 수학자들 밑에서 공부를 했습니다. 그리고 18살에 최초로 기계식 계산기를 만든 수학자, 찰스 배비지의 제자가 됩니다. 당시 찰스 배비지는 평생의 목표였던 자동 계산기인 '해석기관'을 완성하지 못하고 사망했는데 에이다 러브레이스는 스승의 연구를 계속하면서 자동화 언어개념을 만들어 내었고, 이 개념은 훗날 현대 컴퓨터 언어의 기초가 되었습니다.

오늘날 에이다 바이런 러브레이스는 컴퓨터 언어의 창시자로 존경받고 있습니다. 1980년, 미국 국방부는 그녀의 업적을 기리고자 새로 개발한 컴퓨터 언어에 '에이다'라는 이름을 붙였으며, 구글에서는 에이다 바이런 러브레이스의 탄생 197주년을 기념하여 메인화면에 에이다를 상징하는 로고를 만들었습니다.

3 보안전문가, 화이트해커

유명 기업들의 정보망이 뚫리며 고객의 신상정보가 노출됐다거나 유명 연예인들의 스마트폰이 해킹을 당해서 사적인 사진이 유출됐다거나 하는 기사를 심심치 않게 볼 수 있습니다. 이렇게 다른 사람의 컴퓨터에 무단으로 침입해서 정보를 없애거나 가져오는 사람을 해커라고 합니다.

그런데 해커의 원래 의미는 '컴퓨터 시스템에 대해서 뛰어난 실력을 갖춘 사람'이라는 뜻입니다. 일부 뛰어난 해커들이 무단으로 다른 컴퓨터에서 정보를 빼오면서 해커의 의미가 변질된 것입니다.

그래서 요즘에는 이렇게 옳지 못한 해커를 막는 사람들을 따로 구분하여 '화이트해커'라고 부릅니다. 화이트해커는 보안전문가들을 뜻하는 말입니다. 주로 컴퓨터 프로그래머 출신들이 많습니다.

화이트해커들은 보안 시스템의 취약점을 파악하여 악의적인 해커, 즉 블랙해커의 공격을 막는 일을 합니다. 따라서 일반 기업뿐만 아니라 안보가 중요한 국가기관에서도 일하고 있습니다. 만약 화이트해커가

> **Tip**
>
> 블랙해커(Black Hacker) 또는 크래커(Cracker) : 다른 컴퓨터 시스템에 무단으로 침입하여 정보를 훔치거나 프로그램을 변경 또는 훼손하는 등의 범죄 행위를 하는 사람

23

없다면 국가 안보에도 큰 위험이 닥칠 것입니다. 그래서 화이트해커는 늘 사명감을 갖고 일을 합니다. 정부 차원에서도 이러한 화이트해커를 양성하기 위해 화이트해커 관련 경진대회를 자주 개최하고 있습니다.

4 관련 책

1) 〈세상을 바꾼 컴퓨터의 거장들〉 김태광 · 조영경 지음. 해와비. 2010

이 책은 IT 기술로 세상을 바꾼 컴퓨터계 거장들의 이야기를 다루고 있습니다. 컴퓨터 응용 프로그램의 혁신을 가져온 빌 게이츠, 컴퓨터 · 영화 · 음악 산업의 아이콘 스티브 잡스, 세상의 모든 상상을 현실로 만들고 있는 구글의 래리 페이지가 바로 그들입니다.

이들 컴퓨터계의 거장들이 어떤 환경에서 성장했고 어떻게 컴퓨터와 친숙해졌는지를 알고 싶다면 이 책을 읽어보는 것이 좋습니다. 하버드 대학 졸업를 포기한 빌 게이츠가 컴퓨터 프로그램의 기술로 최연소 억만장자가 된 이야기, 말썽꾸러기였던 스티브 잡스가 사망 후에도 컴퓨터 · 영화 · 음악 산업의 제왕으로 불리는 이유, 모든 상상을 현실로 만들며 구글을 '젊은이들이 가장 가고 싶은 직장 1위'로 만든 래리 페이지의 일화 등이 재미있게 구성되어 있어 재미있게 읽을 수 있습니다.

책을 끝까지 읽다 보면 세 사람의 공통점을 발견할 수 있습니다. 바로 컴퓨터를 처음 접하는 순간 컴퓨터의 매력에 푹 빠졌다는 점입니다. 또한 자신이 좋아하는 일을 위해 대학 졸업장마저 포기한 열정 등 컴퓨터 프로그래머를 꿈꾸는 청소년들에게 많은 도움이 될 것입니다.

2) 〈뉴욕의 프로그래머〉 임백준 지음. 한빛미디어. 2007

뉴욕 월스트리트에 있는 회사에서 금융 소프트웨어를 개발하고 있는 한국인 임백준이 쓴 책입니다. 임백준은 서울대 수학과를 졸업하고 미국 인디애나 주립대에서 컴퓨터 사이언스를 공부한 후 현재 미국에서 컴퓨터 프로그래머로 일하고 있습니다. 직접 겪은 경험을 토대로 컴퓨터 프로그래머들의 삶을 소설 형식으로 썼습니다.

소설의 주인공은 미국 생활 5년차에 접어든 한국인 프로그래머 '영우'입니다. 소설은 킥복서 출신 프로그래머 마이크의 실수를 영우가 돕는 에피소드로 시작합니다. 덜렁거리는 마이크와 달리 영우는 꼼꼼하고 성실한 성격이지요. 문제는 늘 마이크가 실수한 뒤에 영우가 뒤처리를 할 것으로 생각한다는 점입니다. 이 때문에 팀 안에서 잦은 갈등이 생기지만, 영우를 응원하고 어려운 일이 생길 때마다 도와주는 톰이라는 동료도 있습니다. 또, 전설의 컴퓨터 프로그래머 알렉스와도 만나며 영우는 점차 훌륭한 컴퓨터 프로그래머로 성장합니다.

이 책의 곳곳에는 컴퓨터 관련 전문용어가 등장하지만 소설 형식으로 쓰여 있기 때문에 내용을 이해하기가 쉽습니다. 특히 컴퓨터 프로그래머로 해외 취업을 원하는 청소년이 있다면 해외 취업에서 일어날 수 있는 실제 이야기를 간접적으로나마 체험할 수 있습니다. 또한 회사에서 일어나는 여러 가지 상황을 토대로 만들어진 내용이므로 팀워크로 일하는 컴퓨터 프로그래머에게 필요한 자질이 무엇인가도 알 수 있게 해줍니다.

3) 〈열혈 C프로그래밍〉 윤성우 지음. 오렌지미디어. 2010

이 책은 IT 분야의 인기강사 윤성우가 쓴 컴퓨터 프로그래밍 언어인 C언어에 대한 개론서입니다. 책의 내용은 초보자들도 쉽게 프로그래밍 언어를 접할 수 있게 C언어의 기본 개념부터 프로그래밍을 만드는 법까지 쉽고 자세하게 설명되어 있습니다. 책을 구입하면 인터넷 강의도 함께 들을 수 있으니 이해가 가지 않는 부분이 있으면 동영상 강의를 통해 따라해 볼 수 있어서 컴퓨터 프로그래밍을 연습하는 데 큰 도움이 될 것입니다.

5 관련 영화와 드라마

1) 〈소셜 네트워크〉

2010년 미국에서 개봉된 영화로, 페이스북의 설립자 마크 주커버그의 이야기를 다루고 있습니다.

영화는 2003년 가을, 하버드 대학에 재학 중인 마크가 여자친구 에리카에게 독선적이라는 이유로 차이는 장면부터 시작됩니다. 에리카에게 차인 마크는 복수심에 교내 홈페이지를 해킹하여 무단으로 사진을 내려받은 뒤, 가장 예쁜 여학생을 뽑는 '페이스매시' 사이트를 개설합

니다. 사이트는 학생들에게 엄청난 화제가 되었지만, 그로 인해 마크는 사생활보호 위반으로 학교 측으로부터 징계를 받게 되지요. 그러나 이 사건 덕분에 유명인사가 된 마크는 하버드 대학 내의 비밀 엘리트 클럽의 윈클보스 형제에게 하버드 대학의 선남선녀들만 교류할 수 있는 '하버드 커넥션' 사이트 제작을 의뢰 받습니다.

결국 마크는 이 아이디어를 활용하여 인맥 교류 사이트 '페이스북'을 개발하고 친한 친구인 '왈도'의 도움으로 사이트를 오픈합니다. 작은 사이트였지만 반응은 폭발적이었습니다. 이후 마크는 음악 다운로드 사이트였던 냅스터의 창시자 숀 파커와 만나면서 페이스북을 전 세계인이 참여할 수 있는 사이트로 만듭니다. 그리고 불과 6년 만에 세계 각국 5억 명의 사람들을 페이스북으로 끌어들입니다. 덕분에 마크는 기업가치 28조 원, 전 세계 최연소 억만장자가 됩니다.

순식간에 부와 명성을 얻은 마크는 실리콘밸리에 커다란 집을 사고 화려한 삶을 즐기지만 숀 파커에게 많은 의지를 하게 되고, 결국 왈도와의 우정마저 버리게 됩니다. 이에 격분한 왈도는 마크와 전대미문의 소송을 벌이고, 초기 아이디어를 뺏긴 윈클보스 형제도 마크에게 소송을 겁니다. 처음엔 별일 아니라고 생각했던 마크에게도 점차 위기가 찾아오게 됩니다.

마크 주커버그의 이야기를 다룬 만큼 컴퓨터 프로그래머의 세계를 좀 더 친숙하게 접할 수 있으며, 컴퓨터 프로그래머가 가져야 할 덕목이 무엇인가를 깨닫게 해주는 영화입니다.

2) 〈네트〉

1995년 미국에서 개봉된 영화로, 컴퓨터 프로그래머가 뜻하지 않게 범죄에 연루되는 이야기를 담고 있습니다. 20년이 지난 지금까지도 컴퓨터 프로그래머의 세계를 잘 표현한 영화 중 하나로 손꼽히고 있습니다.

주인공 안젤라 베네트는 미모의 컴퓨터 프로그래머로, 새로 나온 소프트웨어의 바이러스나 에러를 분석하는 일을 합니다. 하지만 취미는 인터넷의 컴퓨터광들과 채팅하는 것이 전부라서 집 밖으로 나올 일이 거의 없습니다. PC 네트워크로 주문하면 피자가 곧바로 배달되고, 항공권도 마찬가지이기 때문에 안젤라는 큰 불편함을 느끼지 못합니다. 그녀가 외출하는 이유는 단 하나, 요양원에 있는 어머니를 만나러 갈 때뿐입니다.

그러던 어느 날, 안젤라에게 동료 데일이 새 인터넷 프로그램에 문제가 있는 것 같다며 분석을 의뢰합니다. 겉으로는 평범한 음악용 소프트웨어에 불과한 '모차르트 밴드'이지만 실은 연방정부의 극비 데이터베이스 시스템이 고스란히 담겨 있습니다. 깜짝 놀란 안젤라가 데일에게 도움을 요청하지만, 데일은 안젤라에게 오던 중 의문의 비행기 사고로 죽음을 당합니다. 데일의 죽음에 충격을 받은 안젤라는 멕시코로 휴가를 떠납니다.

멕시코에 도착한 안젤라는 잭 데블린이라는 남자와 사랑에 빠지게 되지만 안젤라는 이내 잭에게서 수상한 점을 발견하고 구사일생으로 달아납니다. 그런데 그 뒤부터 안젤라에게 이상한 일들이 생기기 시작합니다. 안젤라의 존재가 컴퓨터 네트워크 상에서 완전히 '지워진' 상태가 된 것입니다. 설상가상으로 안젤라의 신원은 마약과 매춘을 일삼는 범죄자로 바뀌어 있습니다. 여권도 신용카드도 모두 도둑맞은 안젤라에게 남아 있는 것은 오직 파손된 디스켓 한 장뿐입니다. 안젤라는 주변 사람들에게 도움을 청하지만 모두 의문의 사고로 사망하고 말지요. 안젤라의 디스켓을 뺏으려는 무리는 계속 안젤라에게 위기가 오게 만들고 결국 안젤라의 어머니가 있는 요양원까지 찾아갑니다.

이 영화는 컴퓨터 네트워크가 악의적인 목적을 가진 무리의 손에 넘어갔을 때 일어날 수 있는 최악의 상황을 표현하고 있습니다. 그리고 안젤라는 이 모든 위기를 컴퓨터 능력을 통해 하나둘 해결해 갑니다. 영화에서는 다양한 컴퓨터 기술이 등장합니다. 특히 범죄조직의 음모를 밝히기

위해 경찰이나 범죄조직의 전산망을 해킹하는 장면은 컴퓨터를 잘 모르는 초보자도 흥미진진하게 지켜볼 수 있습니다.

3) 〈실리콘밸리〉

2014년 미국 HBO 방송사에서 제작한 드라마로, 평범한 프로그래머들이 창업하여 성공하는 이야기를 다루고 있습니다.

영어 '긱(geek)'이라는 단어는 자신의 전공밖에 모르는 공대생 괴짜를 뜻하는데, 이 드라마에 나오는 인물들도 모두 '긱'으로 불리는 컴퓨터 괴짜들입니다.

주인공 리처드 핸드릭스는 5명의 친구와 함께 컴퓨터 프로그램 '피리 부는 사나이'를 만들었는데, 나중에 '피리 부는 사나이'가 천만 달러가 넘는 가치의 프로그램이었다는 것을 알게 됩니다. 그 후 실리콘밸리의 최고 투자자들은 리처드에게 이 프로그램을 거액에 팔라는 제안을 하지만 리처드와 친구들은 고민 끝에 투자를 받아서 자신들만의 회사를 만들기로 결심합니다. 이 과정에서 일어나는 좌충우돌 에피소드가 영화 〈실리콘밸리〉의 주요 내용입니다.

이 영화를 만든 마이크 저지 감독은 실리콘밸리에서 엔지니어로 근무한 경험을 바탕으로, 실제로 컴퓨터 프로그래머들 사이에서 일어날 수 있는 에피소드를 실감나게 그리고 있습니다. 똑같은 이름의 프로그램을 쓰는 회사와의 문제라든지 변호사를 구할 때 겪는 어려움, 사업 투자를 받으며 일어나는 에피소드들이 생생하면서도 재미있게 구성되어 있습니다.

영화나 드라마에서 흔히 볼 수 있는 컴퓨터 천재들의 성공 신화가 아닌, 실리콘밸리의 초보 프로그래머들이 고군분투하는 내용을 다루고 있기 때문에 IT 벤처기업가를 꿈꾸는 청소년들에게 많은 도움이 될 것입니다.

04 컴퓨터 프로그래머는 무슨 일을 할까?

1 컴퓨터 프로그래머의 하루

컴퓨터 프로그래머의 하루는 분야와 스케줄에 따라 각기 다릅니다. 프로젝트가 많지 않은 기간엔 여유롭게 일할 수 있지만, 그렇지 않은 경우엔 기본 업무시간은 물론이고 야근까지 하며 바쁘게 보냅니다.

지금부터 프로젝트가 진행되고 있는 기간의 컴퓨터 프로그래머의 하루를 알아보겠습니다.

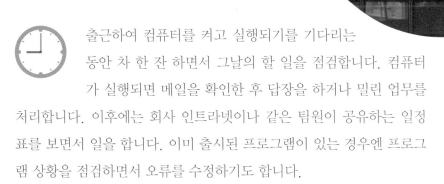

출근하여 컴퓨터를 켜고 실행되기를 기다리는 동안 차 한 잔 하면서 그날의 할 일을 점검합니다. 컴퓨터가 실행되면 메일을 확인한 후 답장을 하거나 밀린 업무를 처리합니다. 이후에는 회사 인트라넷이나 같은 팀원이 공유하는 일정표를 보면서 일을 합니다. 이미 출시된 프로그램이 있는 경우엔 프로그램 상황을 점검하면서 오류를 수정하기도 합니다.

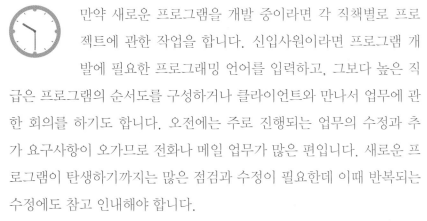

만약 새로운 프로그램을 개발 중이라면 각 직책별로 프로젝트에 관한 작업을 합니다. 신입사원이라면 프로그램 개발에 필요한 프로그래밍 언어를 입력하고, 그보다 높은 직급은 프로그램의 순서도를 구성하거나 클라이언트와 만나서 업무에 관한 회의를 하기도 합니다. 오전에는 주로 진행되는 업무의 수정과 추가 요구사항이 오가므로 전화나 메일 업무가 많은 편입니다. 새로운 프로그램이 탄생하기까지는 많은 점검과 수정이 필요한데 이때 반복되는 수정에도 참고 인내해야 합니다.

주로 팀원들과 함께 점심식사를 합니다. 아니면 밀린 잠을 보충하거나, 식사를 간단히 하고 운동이나 공부와 같은 자기계발에 힘쓰기도 합니다.

29

오전에 밀린 업무를 처리하느라 바빴다면 오후에는 지금까지 자신이 한 업무를 토대로 팀별 회의시간을 가집니다. 현재 개발 중인 프로젝트의 진행상황은 어떤지, 수정할 것은 무엇인지 등이 회의의 주요 내용입니다.

클라이언트에게 프로젝트를 의뢰받은 회사라면 클라이언트와의 미팅 시간을 갖습니다. 새로운 프로젝트뿐만 아니라 이미 출시된 프로그램에 대해서도 오류가 없는지 꼼꼼하게 체크하며, 업데이트와 수정사항의 부분에 대해서도 체크합니다.

회의시간은 프로젝트의 진행 상황에 따라서도 달라집니다. 만약 진행이 순조롭다면 서둘러 회의를 마치고 다시 개인 업무에 몰입할 수 있지만, 그렇지 않다면 3~4시간에 걸쳐 회의가 계속되기도 합니다.

회의가 없을 때는 각자 맡은 업무에 집중합니다. 새로운 프로그램이 출시되기까지 오류를 점검하고 수정을 거듭해야 하는 지루한 작업이 계속되지만 자신이 만든 프로그램이 세상에 공개되는 순간을 기다리며 열심히 일하는 것이 컴퓨터 프로그래머의 기본자세입니다.

 오후 6시가 되어 퇴근을 할 수 있으면 좋겠지만 컴퓨터 프로그래머는 야근이 잦습니다. 빠른 기간 안에 프로젝트를 완성시켜야 하기 때문입니다. 특히 프로그램 출시 몇 주 전부터는 끊임없이 프로그램을 점검하고 또 점검하기 때문에 자정을 훌쩍 넘기는 날이 많습니다. 또 이미 출시된 프로그램에 오류가 나는 비상사태가 발생하면 퇴근을 했다가도 다시 회사에 들어와서 문제를 해결해야 하는 경우도 있습니다. 컴퓨터를 이용한 프로그램은 회사나 개인 활동에 중요한 영향을 미치기 때문에 신속하게 문제를 해결해야 합니다.

2 근무 기간에 따른 업무 내용

컴퓨터 프로그래머의 업무는 일반적으로 경력에 따라 달라집니다. 능력이 뛰어나다면 경력과 상관없이 중요한 직책을 맡을 수 있지만, 대부분의 컴퓨터 프로그래머는 1년 2년 해가 바뀌면서 자신의 일을 차근

차근 배워 나갑니다.

지금부터 근무 기간에 따라 달라지는 컴퓨터 프로그래머의 업무에 대해서 알아보겠습니다.

1) 입사~4.5년

회사에 입사하면 프로젝트를 직접 주도하기보다는 선배들이 개발하는 프로젝트를 보조하는 역할을 합니다. 큰 기업이냐 작은 기업이냐에 상관없이 신입 프로그래머들이 하는 일은 주어진 설계 자료를 컴퓨터에 입력하는 수준입니다.

어느 회사의 신입사원이나 마찬가지겠지만 이 때가 회사 생활에서 가장 힘든 시기라 할 수 있습니다. 컴퓨터 프로그래머로서의 큰 포부를 안고 왔는데 정작 회사에서 하는 일은 복잡한 프로그래밍 언어만 하루 종일 붙들고 있어야 하니까요. 하지만 회사의 입장에선 막대한 돈이 걸려 있는 프로젝트인데 아직 경험이 부족한 신입 프로그래머에게 맡기기엔 부담스럽지요. 이 시기에 주어진 일을 성실히 수행하고 배울 자세를 갖추고 있다면 경력이 쌓인 후에 자신의 역할에 대해 큰 그림을 그릴 수 있습니다.

2) 4.5년~10년

이 시기는 중급 컴퓨터 프로그래머에 해당합니다.

힘들었던 신입사원 생활이 끝나고 회사생활 4~5년에 접어들면 자신이 맡은 분야에 대해 나름대로 이해하는 수준까지 오게 됩니다. 회사에서 인정을 받으면 자신이 맡은 분야의 지식과 이해도를 바탕으로 프로그램을 설계하는 일을 맡게 됩니다. 그러므로 이때부터는 자신의 역량을 마음껏 펼칠 수 있습니다. 얼마나 혁신적이고 오류가 없는 프로그램을 개발하느냐에 따라서 컴퓨터 프로그래머로서의 능력이 결정됩니다. 실력에 따라서 승진을 할 수도 있고, 경력을 인정받아 더 좋은 조건의 회사로 옮길 수도 있습니다.

3) 10년~15년

고급 컴퓨터 프로그래머로 인정받는 시기입니다.

이제 웬만한 프로그래밍 언어와 설계는 자유자재로 활용할 수 있습니다. 이때부터는 프로그램 개발에 직접 참여하기보다는 핵심개발자나 관리자가 되어 업무를 통솔합니다. 관리자라고 해서 일이 편해지는 것은 아닙니다. 직접 프로그램 개발에 참여하지 않더라도 프로젝트의 수정할 점이나 발전 사항을 꿰뚫고 있어야 합니다. 일반적으로 컴퓨터 프로그램의 주요 기술은 평균 3년을 주기로 달라지므로 늘 새로운 기술 동향을 주시하고 있어야 합니다. 그렇지 않으면 새로운 기술이 출현했을 때 적응하지 못하고 도태되기 쉽습니다.

4) 15년 이상

컴퓨터 프로그래머 경력이 15년 이상이 되면 업계에서 도태되어 있거나 혹은 뛰어난 전문가가 되어 있거나 둘 중 하나일 경우가 많습니다. 그동안 꾸준히 노력해서 새로운 기술도 다룰 수 있는 정도가 되면 IT 컨설턴트나 높은 연봉을 받는 직책으로 승진할 수 있습니다. 좀 더 다른 분야에 도전하고 싶다면 회사를 그만두고 지금까지의 노하우를 바탕으로 창업할 수도 있습니다.

컴퓨터 프로그래머의 시장은 언제나 치열하고 상황은 변화하고 있으므로 뛰어난 컴퓨터 프로그래머가 되기 위해선 신입 프로그래머 때부터 꾸준히 노력해야 합니다.

05 컴퓨터 프로그래머가 되기 위해 필요한 능력

1 컴퓨터 활용 능력

컴퓨터 프로그래머가 되기 위해선 기본적으로 컴퓨터 활용 능력이 뛰어나야 합니다. 컴퓨터에 관한 지식이 얼마나 있는지, 또 얼마나 많은 프로그래밍 언어를 알고 있는지에 따라 프로그램을 개발할 수 있는 능력은 천차만별로 달라지기 때문입니다.

그리고 늘 컴퓨터와 함께해야 하는 직업이므로 컴퓨터 관련 작업에 대해 열정을 가지고 있어야 합니다. 빌 게이츠나 마크 주커버그처럼 자신의 열정을 다 바칠 수 있을 정도로 컴퓨터가 좋아서 일에 몰두하여 성공한 케이스가 컴퓨터 프로그래머 분야에는 많습니다.

2 수학적 사고력

20년 전만 해도 대학교에서는 컴퓨터공학과를 '전자계산학과'라고 불렀다는 사실, 알고 있나요? 왜냐하면 컴퓨터는 사실 일종의 거대한 디지털 계산기이기 때문입니다. 앞서 말했듯이 컴퓨터는 수학적인 명령에 의해서 움직이므로 명령을 내리는 자신도 그에 맞는 수리력을 갖추고 있어야 합니다. 컴퓨터 활용 능력에 필요한 수리력은 단순 계산식 수학이 아니라 문제를 어떻게 풀어야 하는지 답을 찾아가는 사고력 수학입니다.

3 상상력과 창의력

불과 10년 전까지만 해도 MP3와 휴대전화, 카메라, 그리고 인터넷 통신까지 가능한 기계가 세상에 나올 것이라고는 아무도 상상하지 못했습니다. 하지만 끊임없는 도전과 창의력을 통해 2000년대 중반에 스마트폰이라는 이름으로 세상에 나왔고, 우리의 생활에 큰 변화를 가져왔습니다.

컴퓨터 프로그래밍은 무에서 유를 창조하는 작업입니다. 그래서 늘 주변에서 필요한 것은 무엇인지 끊임없이 탐구하고 상상을 하는 과정에서 좋은 프로그램의 아이디어가 떠오를 수 있습니다.

그런데 상상력을 어떻게 실현해야 좋을지 문제를 찾아가는 과정은 창의력이 해결할 수 있습니다. 남들과 다른 새로운 방법으로 생각하는 과정에서 혁신에 대한 답을 얻을 수 있지요. 내가 상상한 것을 현실에서 가능하게 만든다는 것, 컴퓨터 프로그래머란 직업의 큰 매력 중 하나입니다.

4 논리 · 분석력

컴퓨터 프로그래머는 하나의 프로그램을 설계하고 개발한 뒤, 나중에 일어나는 오류까지 수정해야 합니다. 따라서 프로그램을 처음 설계할 때 논리적으로 순서를 짜야지만 컴퓨터에 명령을 내릴 때 큰 오류가 발생하지 않습니다. 또 오류가 발생했을 때도 당황하지 않고 무엇이 잘못됐는지 정확하게 분석할 수 있어야 합니다.

이러한 논리 · 분석력을 키우려면 자신이 해결하고자 하는 문제를 보다 구체적으로 분해하고 나열한 후, 순서도를 그려 하나씩 해결해 나가는 습관을 들여야 합니다. 이것을 컴퓨터식 사고라고 합니다.

5 도전정신

컴퓨터와 관련하여 평균 3년마다 새로운 기술이 탄생한다고 합니다. 그만큼 컴퓨터 프로그래머는 변화하는 속도에 빠르게 대처해야 합니다. 맡은 바 업무를 충실히 하면서도 틈틈이 업계의 동향을 파악하며 앞으로 어떤 기술이 필요할 것인지를 예의주시하고 있어야 합니다. 그리고 필요한 기술에 대한 아이디어가 떠오르면 망설이지 않고 실행하는 도전정신이 필요합니다.

6 의사소통 능력

일반적으로 컴퓨터 프로그래밍은 여러 팀원과 함께하는 경우가 많습니다. 따라서 지시를 전달받고 업무를 수행할 때 정확하게 전달하는 능력과 이해력이 필요합니다. 특히 프로그래밍 작업은 복잡하면서도 순서가 대단히 중요하므로 명확하게 전달하지 않거나 지시를 이해하지 못하면 처음부터 다시 해야 하는 불상사가 생길 수도 있습니다. 의사소통이 잘 안 되면 이처럼 업무적인 문제가 생길 뿐만 아니라 팀원들 간에 사소한 오해가 쌓여서 갈등이 생길 수도 있습니다.

7 인내심과 끈기

하나의 프로그램이 탄생하기까지 짧게는 6개월부터 길게는 5년 이상이 소요됩니다. 그동안 컴퓨터 프로그래머들은 끊임없이 컴퓨터 화면을 들여다보며 오류를 찾아내고 수정에 수정을 거듭하지요. 아이디어가 좋더라도 기술력이 부족해서 오류가 계속 일어난다면 아무리 오랜 기간 공을 들인 프로젝트라도 하루아침에 없어질 수 있습니다. 그러므로 하나의 프로그램이 완성되기까지 수없이 수정하고, 실패를 반복하더라도 포기하지 않는 인내심과 끈기가 필요합니다.

8 영어 실력

컴퓨터 프로그램 용어는 대부분 영어로 되어 있습니다. 그러므로 뜻을 제대로 이해하기 위해서는 영어 실력이 필요합니다. 뿐만 아니라 컴퓨터 프로그래머라는 직업은 세계 어느 나라에서나 일할 수 있으므로 영어 실력을 갖추고 있다면 자신이 원하는 나라에서 일할 수 있는 기회를 잡을 수도 있습니다.

9 직업에 대한 소명의식

컴퓨터 프로그래머는 직업 특성상 개인이나 다른 기업의 네트워크에 접근할 수 있는 기회가 많습니다. 그래서 일부 잘못된 생각을 가진 사람 중에는 이 능력을 범죄에 악용하는 경우도 있습니다. 해킹을 통한 개인정보 유출이나 금융정보 사기 등이 이에 해당합니다.

훌륭한 컴퓨터 프로그래머는 자신이 가진 능력을 통해 세상을 발전시키도록 노력합니다. 숱한 노력을 통해 누군가에게 도움이 될 수 있는 프로그램을 만들어내고, 악의적인 생각을 가진 해커들로부터 중요한 정보를 지켜야 하는 것이 컴퓨터 프로그래머의 진정한 역할입니다. 이처럼 직업적 소명의식을 갖고 좋은 세상을 만들기 위해 노력하는 사람만이 훌륭한 컴퓨터 프로그래머가 될 수 있습니다.

06 컴퓨터 프로그래머의 장단점

1 장점

1) 높은 취업률

컴퓨터 프로그래밍 시장은 언제나 전문 인력을 필요로 하기 때문에 실력만 있다면 다른 분야에 비해 쉽게 취업할 수 있습니다. 또 입사한 지 약 4~5년 차가 되어 실력을 쌓으면 더 좋은 조건의 회사로 옮기는 경우도 많습니다. 원한다면 해외에서 직장을 구할 수도 있습니다. 이처럼 컴퓨터 프로그래머에겐 언제나 넓은 취업의 문이 열려 있습니다.

2) 자유로운 근무환경

일반 회사원들이 대부분 답답한 정장을 입고 출근하는 것에 비해, 컴퓨터 프로그래머들은 보통 청바지, 티셔츠와 같은 자유로운 복장으로 근무합니다. 팀워크로 하는 업무가 없다면 이어폰을 끼고 음악을 들으며 작업하는 사람도 많습니다. 대부분의 회사들이 구성원의 개성과 창의성을 중요시하기 때문에 이처럼 자유로운 근무환경을 권장하는 편입니다.

근무시간도 다른 직업에 비해 자유로운 편입니다. 프로젝트의 진행 여부에 따라 바쁠 때는 야근의 연속이지만 휴식기에는 사무실 내에서 자신의 시간을 유동적으로 쓸 수 있습니다. 뛰어난 능력을 인정 받은 컴퓨터 프로그래머는 자신이 원하는 나라에 살면서 해외 클라이언트가 의뢰한 일을 할 수도 있습니다.

3) 능력 우선주의

컴퓨터 프로그래머는 무엇보다 프로그래밍 능력이 가장 중요합니다. 누구나 실력만 있다면 나이가 어려도 인정받을 수 있고 빠른 승진도 가능합니다. 어느 대학을 나왔고, 어느 지역 출신이라는 사실은 컴퓨터 프로그래머의 세계에선 크게 문제가 되지 않습니다. 나이, 학벌, 지역, 연차를 떠나 누구나 평등하게 능력으로 인정을 받을 수 있는 직업이 바로 컴퓨터 프로그래머입니다.

4) 창업의 가능성

좋은 아이디어와 능력만 있으면 컴퓨터 프로그래머는 프리랜서로 활동하면서 자신의 시간을 활용할 수 있습니다. 또 자신이 만들고자 하는 프로그램이 있다면 직접 회사를 차려서 운영할 수도 있습니다. IT 회사는 인력과 아이디어가 무기이므로 많은 원료와 인원이 필요한 일반 제조 회사와는 달리 소자본으로도 쉽게 창업할 수 있다는 장점이 있습니다.

2 단점

1) 높은 노동 강도

컴퓨터 프로그래머는 짧은 시간 안에 프로그램을 완성해야 하는 경우가 많습니다. 시간이 늘어날수록 프로그램 개발에 들어가는 비용도 늘어나기 때문이지요. 또한 하나의 프로그램만 만드는 것이 아니라 여러 프로젝트가 동시에 진행되다 보니 야근도 많고 밤을 새는 경우가 허다합니다. 장시간 컴퓨터 모니터를 들여다봐야 하고 늘 앉아 있어야 하니 건강관리가 필수입니다.

2) 많은 스트레스

컴퓨터 프로그래밍은 늘 꼼꼼함을 요구하는 작업이므로 사소한 숫자 하나를 입력하는 데도 엄청난 집중력이 필요합니다. 또 장시간 같은 작업에 대한 오류를 수정하는 일을 반복해야 합니다. 프로그램이 출시되기 전에는 경쟁사의 다른 프로그램과 비교하며 반응을 살피는 압박감의 연속이기 때문에 늘 스트레스에 노출되어 있습니다. 스트레스와 높은 노동 강도 때문에 화이트칼라계의 3D 업종으로 불리기도 합니다.

3) 짧은 직업 수명

기술이 발전하는 속도는 점차 빨라지는 상황에서 신기술을 따라잡지 못하는 컴퓨터 프로그래머는 도태되기 쉽습니다. 새로운 변화에 적응하지 못하는 프로그래머들은 빠르면 30대 후반의 나이에 회사를 그만두는 경우도 있습니다. 그래서 컴퓨터 프로그래머들은 높은 근무강도에도 불구하고 틈틈이 자기계발을 하며 변화하는 사회에 발맞춰가기 위해 끊임없이 노력해야 합니다.

07 컴퓨터 프로그래머가 되기 위한 과정

1 중 · 고등학교 시절

컴퓨터 프로그래머가 되려면 먼저 학교 공부에 충실해야 합니다. 학교에서 배운 기본지식은 사회에서도 다양한 방법으로 활용할 수 있기 때문입니다. 특히 수학과 영어 과목은 대학에서 컴퓨터공학을 전공할 때 큰 도움이 됩니다.

미리 컴퓨터와 친숙해지고 싶다면 컴퓨터 프로그래밍 관련 책을 읽으며 직접 프로그래밍에 도전해 보는 것도 좋은 방법입니다. 먼저 친구나 가족 등에 관한 간단한 홈페이지를 만드는 것에 도전하길 바랍니다.

좀 더 깊이 있게 공부하고 싶다면 컴퓨터 관련 자격증 시험이나 청소년컴퓨터경진대회(한국 정보올림피아드 대회)에 도전해보는 것도 좋은 방법입니다. 자신이 원하는 분야를 미리 공부할 수 있다는 장점도 있고, 자격증 시험에 합격하거나 경진대회에서 상을 받게 되면 컴퓨터특기자로 대학 수시모집에 지원할 수 있는 자격이 주어지기 때문입니다.

고등학교에서는 이과를 선택하는 것이 좋고, 과학 고등학교나 컴퓨터 관련 마이스터고에 가면 대학 입학에 유리할 수 있습니다.

> **Tip**
>
> 현재 우리나라에는 20개의 과학고와 44개의 마이스터고가 있습니다. 학교 명단은 교육부 홈페이지(http://www.moe.go.kr)의 '정보자료실'란이나 마이스터고(http://www.meister.go.kr)의 '학교안내'에서 찾을 수 있습니다.

2 대학교 시절

우리나라에 컴퓨터나 정보통신 관련 학과는 전국 4년제 대학에 126개 학과, 전문대학에 336개의 학과가 개설되어 있습니다. 이곳에서 매년 2만 명에 달하는 졸업생이 배출되고 있습니다.

그런데 컴퓨터공학과는 4년제 대학에만 있습니다. 컴퓨터공학과에 입학하면 프로그래밍 언어, 자료구조, 이산수학, 소프트웨어 엔지니어링 등 컴퓨터 프로그래밍에 필요한 과목을 배웁니다. 1, 2학년 때는 주로 프로그래밍 언어를 배우며 코딩을 하는 실습을 하고, 3, 4학년이 되면 직접 임베디드나 모바일 분야의 프로그램을 응용해보는 고난위도의 과정을 배웁니다. 학년이 올라갈수록 수업 내용이 어려워지므로 대학 생활 내내 좋은 성적을 유지하려면 상당한 노력이 필요합니다. 일부 학교에서는 컴퓨터 엔지니어를 위한 기술영어 작문도 배우기도 하므로 영어 공부를 병행하기도 합니다.

전문대학에서는 실무에서 바로 응용할 수 있는 과목들을 주로 배웁니다. 학과 이름도 컴퓨터정보과, 컴퓨터정보처리학과, 컴퓨터 소프트웨어과 등으로 불리며, 프로그래밍 언

어의 기초, 시스템 설계, 웹서버 관리와 같은 과목들을 배웁니다.

대학 시절은 컴퓨터 분야에서 함께 발전할 수 있는 동료를 만날 수 있는 중요한 시기입니다. 졸업한 후에도 이 시절 만난 친구들에게 영향을 받고, 많은 정보를 공유할 수 있습니다. 또 힘들 때는 서로에게 든든한 버팀목이 되어 주지요. 따라서 세미나나 학술 관련 동아리가 있다면 참석해서 좋은 친구들을 많이 사귀길 추천합니다. 좋은 친구들은 전공 지식만큼이나 훌륭한 자산이 되어줄 것입니다.

3 학점은행제

고등학교만 졸업했더라도 자격증을 취득하고 프로그래밍 능력이 있다면 누구든지 컴퓨터 프로그래머가 될 수 있습니다. 하지만 일부 회사에서는 채용 조건에 전문대학 졸업 이상의 학력을 요구하는 경우도 있으므로 이에 준하는 학위를 딸 필요가 있습니다. 그리고 그 대표적인 방법이 학점은행제를 이용하는 방법입니다.

학점은행제는 국가평생교육진흥원에서 운영하는 프로그램으로, 대학을 나오지 못했더라도 학사 수준의 학위를 받을 수 있는 제도입니다. 학점은행제는 학교에서뿐만 아니라 학교 밖에서 이뤄지는 다양한 형태의 학습과 자격을 학점으로 인정하여 대학교와 전문대학에서 수여하는 학위와 법적으로 동등한 효력을 지니는 학위를 수여하는 제도를 말합니다. 고등학교 졸업자나 동등한 수준의 교육을 받은 사람이라면 누구나 지원할 수 있는 제도입니다.

컴퓨터 관련 전공의 경우, 일반적으로는 국가평생교육진흥원에서 인정한 전문교육기관에서 4년제 학사의 경우 140학점, 2년제 전문학사의 경우 80학점, 3년제 전문학사의 경우 120점을 이수한 뒤 학위 인정기준에 따라 필요한 자격증을 취득하면 학사 자격을 얻을 수 있습니다.

자세한 내용은 국가평생교육진흥원 홈페이지(http://www.nile.or.kr)를 방문하면 알 수 있습니다.

08 컴퓨터 프로그래머의 마인드맵

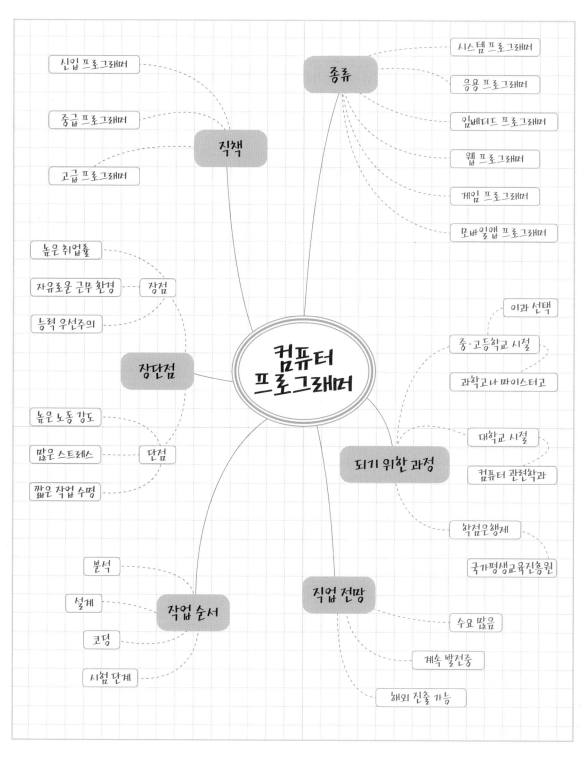

09 컴퓨터 프로그래머와 관련하여 도움 받을 곳

1 직업 정보를 얻을 수 있는 기관

● 한국정보화진흥원(http://www.kosta.or.kr) 국가정보화 추진과 관련된 정책의 개발과 정보 격차를 해소하기 위해 설립된 공공기관으로서 2009년에 출범했습니다. 홈페이지에서는 IT 역사와 정보산업 관련 세미나 자료집을 찾아볼 수 있어서 한국의 정보통신 역사는 물론 최근 산업의 동향까지 자세히 알 수 있습니다.

또 매년 5월에는 한국정보올림피아드를 개최하여 IT 분야의 우수 영재를 발굴하고 있습니다. 창의적인 소프트웨어 개발 분위기를 조성하기 위해 마련된 이 행사에서 수상을 하면 정보화 특기자로 대학 수시입학에 지원할 수 있는 자격이 주어집니다.

● 고용노동부 워크넷(http://www.work.go.kr) 한국고용정보원에서 운영하는 사이트로, 무료로 직업 심리 검사를 이용할 수 있습니다. 직업 정보 검색, 직업 · 진로 자료실, 학과 정보 검색 등의 정보를 제공하며 직업 · 학과 동영상, 이색 직업, 테마별 직업 여행, 직업인 인터뷰 자료를 볼 수 있습니다. 온라인 진로 상담 서비스도 제공합니다.

● 커리어넷(http://www.career.go.kr) 한국직업능력개발원이 운영하는 사이트로, 초등학생부터 성인, 교사에 이르기까지 대상별로 진로 및 직업 정보를 제공하며 온라인 상담도 할 수 있습니다. 심리 검사를 무료로 이용할 수 있으며, 학생들이 만든 UCC 자료도 무료로 제공하고 있습니다.

2 직업 체험 프로그램

● 한국잡월드(http://www.koreajobworld.or.kr) 청소년들의 건전한 직업관 형성과 진로 및 직업선택을 지원하기 위해 설립된 고용노동부 산

하 공공기관으로 우리나라 유일의 국립직업체험관입니다. 2012년에 개관했으며, 전시·체험시설로 직업세계관, 어린이체험관, 청소년체험관, 진로설계관 등 4개 시설로 구성되어 있어 110개의 직업을 미리 체험해 볼 수 있습니다. 또한 아직 진로를 결정하지 못한 학생들에게는 직업 체험의 기회를 제공하는 등 폭넓은 직업 관련 프로그램을 운영하고 있습니다.

이곳에서는 컴퓨터 프로그래머 분야 중 게임 프로그래머에 대한 직업 체험을 할 수 있습니다. 잡월드 4층에 게임개발회사의 세트가 마련되어 있어서 게임개발프로듀서, 게임기획자 등이 일하는 과정, 게임 프로그래머가 하는 일에 대해 상세히 체험할 수 있습니다.

● **지자체 진로박람회** 각 지방자치단체에서 매년 7월~10월 사이에 청소년을 위한 진로박람회를 개최하고 있습니다. 매년 7월에 진로박람회를 개최하는 서울 마포구청의 경우, 청소년이 본인의 적성과 흥미에 맞는 진로를 선택할 수 있도록 40여 개의 직업체험 부스를 설치하여 진로상담을 할 수 있도록 전문직업인 30명이 참석합니다. 또한 다양한 직업인을 초청하여 전문 콘서트를 열기도 합니다.

매년 10월에 개최되는 전남 진로박람회는 전라남도교육청이 주최하고 있습니다. 약 168개의 직업체험 부스가 설치되어 청소년들이 올바른 진로 선택을 할 수 있도록 상담 프로그램을 진행합니다.

● **넥슨컴퓨터박물관**(http://www.nexoncomputermuseum.org) 국내의 대표적인 온라인 게임업체인 넥슨이 컴퓨터의 역사와 게임 산업을 소개할 목적으로 제주시에 세운 박물관입니다.

총 4층으로 구성되어 있는 이 박물관의 내부에는 다양한 컴퓨터 관련 제품들이 전시되어 있는데, 특히 최초의 개인용 컴퓨터 애플과 1980년대 오락실에서 볼 수 있던 오락기들도 전시되어 있어 눈길을 끕니다. 또 각 층마다 구성된 공간에

> **Tip**
>
> 진로박람회 일정은 지자체별로 해마다 조금씩 달라지니 행사에 참여하고 싶다면 홈페이지에서 일정을 확인하도록 합니다.
>
> • 마포구청
>   www.mapo.go.kr
> • 전남도교육청
>   www.jne.go.kr
> • 구로구청
>   www.guro.go.kr
> • 부산광역시청
>   www.busan.go.kr

NEXON COMPUTER MUSEUM

서는 한메타자교사, MS-DOS 등 과거 한 시대를 풍미했던 컴퓨터 프로그램을 체험할 수 있어서 컴퓨터 프로그램 역사에 대해 이해할 수 있습니다.

10 유명한 컴퓨터 프로그래머

1 빌 게이츠(1955~)

마이크로소프트 사의 창업자이자 세계적인 갑부인 빌 게이츠는 컴퓨터 프로그래머 출신입니다. 우리가 주로 사용하는 윈도와 인터넷 익스플로러가 빌 게이츠가 창업한 마이크로소프트 사에서 개발한 것입니다.

빌 게이츠은 시애틀의 유명 변호사였던 아버지와 교사 출신인 어머니 밑에서 태어나 유복한 환경에서 자랐습니다. 빌 게이츠가 컴퓨터와 첫 인연을 갖게 된 건 13살 때인 1967년입니다. 당시만 해도 개인용 컴퓨터를 뜻하는 PC라는 용어도 없을 정도로 대중에게는 컴퓨터가 생소한 기계였는데, 빌게이츠는 학교 어머니회에서 기증한 컴퓨터를 접할 수 있었습니다. 당시 그는 컴퓨터로 만드는 프로그래밍에 푹 빠져서 13세의 나이에 직접 컴퓨터 게임을 만들 정도였습니다. 17세에는 학교 선배인 폴 앨런과 첫 회사인 'Traf-O-Data'를 설립하고 시내 교통량을 기록 분석하는 소형 컴퓨터를 생산했습니다.

하버드 대학에 입학했지만 창업을 위해 과감히 학교를 중퇴하고 폴 앨런과 함께 자본금 1500달러로 마이크로소프트 사를 설립했습니다. 당시만 해도 PC는 복잡한 컴퓨터 언어를 끊임없이 입력해야 시스템을 실행시킬 수 있었기에 때문에 일반 사용자가 컴퓨터를 다루기는 힘들

없습니다. 이에 빌 게이츠는 개인용 컴퓨터(PC) 시장의 성장을 예측하고 사람들이 쉽게 사용할 수 있는 컴퓨터 운영체제를 꾸준히 개발했습니다.

그리하여 1983년에 '윈도(Windows)'를 세상에 내놓았습니다. 처음에는 실용적이지 못하다는 이유로 주목받지 못했지만 포기하지 않고 끊임없이 노력한 결과 1990년에 누구나 PC를 쉽게 다룰 수 있는 그래픽 운영체제인 윈도 3.0을 출시하면서 전 세계적으로 폭발적인 반응을 얻게 되었고, 그 후 지금까지도 마이크로소프트 사의 윈도 운영체제는 버전을 달리하며 많은 사람들이 사용하고 있습니다.

1999년 마이크로소프트 사 대표직을 사임한 뒤에는 자선활동에 힘을 쓰며 노블리스 오블리주의 표본이 되고 있습니다.

2 스티브 잡스(1955~2011)

애플 컴퓨터와 아이폰을 개발한 스티브 잡스는 1955년 미국 샌프란시스코에서 태어났습니다. 태어나자마자 부모로부터 버림받고 입양되었습니다. 자동차 기술자인 양아버지 밑에서 자라면서 어릴 때부터 자연스럽게 기계와 전자제품에 관심을 갖게 되었습니다. 잡스는 초등학교 시절에는 학교를 자주 빠지는 문제아였습니다. 하지만 4학년 때 아마추어 전자공학 조립 세트를 얻게 되면서 IT 기술의 매력에 빠지게 되었습니다. 고등학교 졸업 후 리드 대학에 입학했지만 비싼 등록금과 대학 공부에 회의를 느껴 입학 반 년 만에 중퇴했습니다. 하지만 중퇴 후에도 무료 급식으로 끼니를 해결하며 청강을 통해 공부를 계속했습니다.

1976년 스티브 잡스는 오랜 방황을 끝내고 오랜 친구였던 스티브 워즈니악과 함께 컴퓨터 회사 '애플'을 세웠습니다. 이후 부모님의 차고 안에서 연구를 거듭한 끝에 최초의 개인용 컴퓨터인 '애플'을 출시했습니다. 한동안 잡스는 성공의 가도를 달리는 듯했지만 곧 부진을 겪었고, 결국 서른 살의 나이에 자신이 세운 회사를 떠나야 했습니다.

45

하지만 잡스는 포기하지 않고 넥스트라는 새 회사를 설립하여 고성능 컴퓨터 개발에 박차를 가했으며, 픽사를 인수한 뒤에 〈토이 스토리〉를 만들어 크게 성공했습니다.

한편, 잡스가 떠난 후에도 부진을 면치 못했던 애플은 1996년 넥스트 사를 인수했고 잡스는 다시 애플의 최고경영자로 복귀하였습니다. 이후 혁신적인 디자인의 일체형 컴퓨터 아이맥과 휴대용 MP3 플레이어 아이팟 등 잡스가 돌아온 뒤 애플은 인기 있는 발명품들을 내놓았습니다. 그리고 2007년에 스마트폰인 아이폰을 선보였습니다.

하지만 안타깝게도 2011년 56세라는 이른 나이에 췌장암으로 세상을 떠났습니다. 그렇지만 스티브 잡스는 지금도 컴퓨터를 통해 세상의 혁신을 이룬 인물로 사람들의 기억 속에 살아 있습니다.

3 이찬진(1965~)

한때 한국의 빌 게이츠로 불렸던 이찬진은 우리가 문서작업을 할 때 자주 쓰는 워드프로세서 '흔글'을 개발한 회사 ㈜한글과 컴퓨터의 설립자입니다.

이찬진이 컴퓨터와 처음 만난 것은 대입학력고사를 치르고 난 후였습니다. 당시 구입한 컴퓨터는 하드디스크도 없는 8비트 컴퓨터였지만 그에게는 무엇보다 소중한 물건이었습니다. 컴퓨터가 없던 시절에도 열심히 컴퓨터 관련 잡지를 읽었을 정도로 컴퓨터를 향한 그의 열정은 대단했습니다. 서울대 기계공학과에 입학했지만 컴퓨터 작업을 더 좋아해서 대학교 2학년 때 '서울대 컴퓨터 연구회'라는 동아리에 가입했습니다.

그가 대학을 다녔을 당시 우리나라에 있던 워드프로세서는 모두 외국 프로그램을 한글화한 것이었기 때문에 한글을 사용하는 데는 불편한 점이 많았습니다. 더욱이 서로 다른 한글 코드를 채택하고 있었기 때문에 대중화되기도 어려운 상황이었습니다. 그래서 이러한 불편함을 개선하고 누구나 한글로 워드프로세서를 편리하게 이용하자는 생각에서 1988년 '한글 2000'을 출시했습니다. 이 응용프로그램은 모든 컴퓨터에서 그래픽 기능을 이용한 방식이었기 때문에 별도의 카드 없이도 어느 기종에나 사용할 수 있는 획기적인 제품이었습니다.

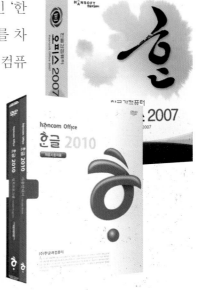

　이후 이찬진은 대학 친구들과 함께 한글 2000의 다음 기종인 '한글 1.0'을 팔아서 번 돈 5천만 원으로 '한글과 컴퓨터'라는 회사를 차렸는데, 당시 그의 나이 26세였습니다. 이렇게 시작한 한글과 컴퓨터는 1991년 당시 10억 원의 매출을 기록했습니다.

　1999년 경영에서 물러난 이후에도 이찬진은 인터넷 포털 사이트인 드림위즈를 설립하는 한편 컴퓨터 교육에도 앞장서며 '한국 IT계의 선구자'로 불리고 있습니다.

컴퓨터 보안전문가 이기호

우연히 선택한 길이지만
호기심과 타고난 승부욕으로 자신의 길을 개척한
이기호 보안전문가의 또 다른 꿈을 이루기 위한 도전들

Q1 컴퓨터 보안 일을 선택하게 된 배경을 말씀해 주세요.

학창 시절에 유도를 했는데, 중3 때 무릎을 다쳐서 그만두어야 했습니다. 운동을 그만둔 후에는 대학 진학 등 진로에 대한 특별한 계획 없이 그냥 학교에 다녔고, 고등학교 때는 공부 보다는 아르바이트를 하면서 의미 없이 보냈습니다. 고등학교 졸업 후에는 현대중공업에서 1년 반 동안 도장 일을 하다가 군대에 갔습니다. 부끄럽지만 그때까지도 앞날에 대한 뚜렷한 계획은 없었습니다.

그런데 제대 후, 어머님 말씀에 큰 충격을 받았습니다. 지금까지 한 번도 아들 자랑을 해본 적이 없다면서 대학에 진학하기를 간절히 원하셨습니다. 제가 외아들이고, 어머님의 간절한 바람을 외면할 수 없어서 공부해서 수능시험을 봤습니다. 학창시절 내내 공부보다는 운동과 아르바이트를 했기 때문에 공부하는 것도 힘들었지만, 전공을 정하는 것도 힘들었지요. 마침 작은아버지가 IT 분야의 미래가 유망하다고 조언해 주셔서 간신히 전공을 정했습니다.

대학에 입학한 후 처음에는 전공 분야가 생소했습니다. 그러나 원래 호기심이 많고 지는 걸 싫어하는 성격이라서 열심히 공부하다 보니 점점 흥미가 생겼습니다. 그러던 중 뉴스에서 10년 후 유망 직종에 컴퓨터 보안전문가가 있다는 것을 접하게 되었습니다. 해당 일에 대해 알아보니 제 전공에 컴퓨터 보안전문가와 겹치는 부분이 꽤 많았습니다. 그 부분을 집중적으로 공부해서 보안전문가의 길을 걷게 된 것입니다.

Q2 컴퓨터 보안전문가는 어떤 일을 하나요?

기업의 시스템 내부의 취약점을 발견하고 각종 해킹의 위협으로부터 기업의 시스템을 보호하는 일을 합니다. 컴퓨터상의 외부 침투 흔적을 파악하고, 해당 위협이 있다면 그런 부분을 조치하는 일을 하는 것이지요. 한 마디로 기업의 데이터가 안전하고 기업의 시스템이 안전한지를 파악하는 역할을 하는 것입니다.

Q3 대학에서 보안학과를 전공하지 않아도 보안 일을 할 수 있나요?

대학에 들어가지 않고 혼자 공부해도 보안전문가가 될 수 있습니다. 유명한 해커들 중에는 혼자 공부한 사람들이 많습니다. 다만 전공자가 아니라면 혼자서 많은 공부를 해야 하기 때문에 더 많은 노력이 필요하지요. 요즘은 인터넷에서 많은 정보를 얻을 수 있어서 혼자 공부하는 것이 그리 어렵지는 않다고 생각합니다.

Q4 컴퓨터 보안전문가가 되려면 자격증이 많이 필요한가요? 자격증 공부는 어떻게 해야 하나요?

기본 자격증은 학교의 기본 수업만 들어도 딸 수 있지만 나머지는 따로 공부해야 합니다. 자격증의 종류에 여러 가지가 있는데 대부분 외국 회사에서 인증하는 자격증이고, 전공 공부와 조금 다른 부분이 있지만 결국 기본은 동일하다고 할 수 있습니다. 기본적인 내용만 알고 있다면 어떤 부분도 다 할 수 있다고 생각합니다. IT 자격증은 단계가 여러 단계인데 위로 올라갈수록 더 많은 공부가 필요합니다.

보안은 분야가 많아서 각 분야에 맞는 자격증이 필요한데, 공통적으로 필요한 자격증은 국내 자격증인 정보보안기사와 국제 자격증인 CISSP 등입니다. 이 자격증이 없다고 보안 분야에서 일할 수 없는 것은 아니지만 거의 필수 자격증이라고 생각하는 편이 좋습니다. 그러나 자격증보다는 자격증에 부합하는 실력이 더욱 중요하지요.

저는 15개 정도의 자격증이 있습니다. 모두 취업 전에 취득한 것은 아니고 일하면서 차근차근 취득했습니다. 취업 전에는 CCNA와 SCSA 자격증만 가지고 있었습니다. 다시 한

49

번 말씀드리지만 보안 분야는 자격증만큼이나 실력을 보기 때문에 자격증을 취득하는만큼 자격증에 맞는 실력을 갖추어야 합니다.

Q5 컴퓨터에 능숙하면 자격증을 딸 수 있나요? 그리고 보안의 종류에는 어떤 것이 있나요?

컴퓨터에 능숙한 건 자격증을 딸 수 있는 전제조건이지 충분조건이 될 수는 없습니다. 보안 관련 자격증은 여러 분야로 나누어지는데 각 분야에 맞는 공부를 꾸준히 해야 합니다. 컴퓨터를 잘 하는 것과 자격증을 딸 수 있는 것은 다릅니다. 자격증을 따려면 여러 기초 분야에 맞는 사전 지식도 필요하고 많은 공부를 해야 합니다.

보안은 크게 시스템 보안, 네트워크 보안, 웹 보안 분야로 나눌 수 있습니다. 이외에도 더 많은 분야가 있지만 크게 세 가지 분야로 나뉩니다.

첫 번째 분야인 시스템 보안은 운영체제 보안을 뜻한다고 말할 수 있습니다. 운영체제란 윈도 같은 프로그램을 말하는데, 일반적으로 PC 및 서버 등에는 운영체제가 있고 이와 관련된 분야가 시스템 보안입니다. 시스템 보안은 운영체제에 보안상의 문제가 있는지 없는지 해결하는 분야인데, 이 분야에서 일하기 위해서는 운영체제론, 윈도 서버, 유닉스(UNIX), 리눅스(LINUX) 등을 공부해야 합니다.

두 번째 분야인 네트워크 보안은 우리가 일상생활에서 사용하는 인터넷 등을 하기 위해 필요한 네트워크 분야를 공부해야 합니다. 네트워크 분야의 공부도 상당히 다양하지만 대표적으로는 CISCO 사의 CCNA 자격증 과정이 가장 기초가 되는 분야입니다. 또한 TCP/IP라는 네트워크 규칙에 관한 공부도 병행해야 네트워크 보안 일을 할 수 있습니다.

세 번째 분야인 웹 보안 분야는 프로그래밍 성격이 가장 강한 분야입니다. 웹 보안은 웹상에서 악성코드 및 바이러스 등이 PC 및 서버에 피해를 주지 않도록 문제점을 미리 진단하고, 문제가 있다면 문제점을 해결해 주는 분야입니다. http라는 규칙에 기반한 웹 보안 분야는 프로그래밍에 대한 공부가 많이 필요한 분야입니다. 대표적으로 JAVA, C, C++ 등이 있는데, 이런 프로그래밍 분야를 공부하다 보면 최근의 대세인 스마트폰 앱 개발 분야와도 연결이 됩니다.

이렇게 세 가지 분야 외에도 다양한 분야가 있는데, 이들 세 분야를 하나씩 깊이 공부한다면 다른 분야로 넘어가는 일은 훨씬 쉬워집니다.

Q6 컴퓨터 용어들은 영어가 많은데, 영어 실력은 얼마나 중요한가요?

컴퓨터 용어는 거의 영어로 되어 있어서 영어 실력은 아주 중요합니다. 컴퓨터 관련 기술은 거의 미국에서 나오고 있고, 컴퓨터와 관련한 좋은 책은 대부분 원서이기 때문에 저도 꾸준히 영어 공부를 하고 있습니다.

Q7 컴퓨터 보안전문가로서 자신을 업그레이드하기 위해 어떤 노력을 하고 있나요?

새로운 지식을 필요로 하는 분야는 원서를 통해서 얻고 있습니다. 하지만 원서를 읽는 것만으로는 부족합니다. 제가 생각하는 가장 빠른 실력 향상의 지름길은 실습을 많이 하는 것입니다. 선배들에게도 그렇게 들어 왔고, 그 동안의 경험을 통해서도 많은 연습과 실습만이 나만의 진정한 지식이 되는 것을 깨달았습니다.

저는 원서를 읽은 다음, 해당 책과 문서에서 제가 필요로 하는 부분을 확인하고 제 나름대로 시나리오를 짜고 실습을 해서 제 지식으로 만듭니다. 학생들을 가르칠 때도 실습과 이론의 비율을 처음에는 6:4에서 나중에는 7:3으로 실습을 늘리라고 말합니다. 많은 실습과 연습을 해야만 자신의 실력이 되는 것이고, 이것을 손가락이 기억한다고 말하기도 합니다.

또한 공부한 것은 반드시 문서로 남겨 놓는 편입니다. 기억력에만 의존하면 실력이 늘 수 없습니다. 결국에는 잃어버릴 가능성이 크기 때문에, 항상 기록하고 정리하는 습관을 가지는 것이 실력 향상에 큰 도움이 됩니다. 믿을 만한 경험담이니 꼭 기억하시기 바랍니다.

마지막으로 신문이나 텔레비전을 통해 뉴스를 자주 봅니다. 뉴스를 보면 현재의 트렌드를 확인할 수 있기 때문입니다.

Q8 요즘 청소년들은 게임을 좋아하는데 나중에 보안전문가가 되는 데 도움이 될까요?

게임을 좋아하는 게 어느 정도는 도움이 됩니다. 그렇지만 여기에는 전제가 있습니다. 게임이 어떻게 만들어지고 어떻게 운영되는지에 대한 호기심을 가질 때만 도움이 됩니다. 게임 역시 하나의 프로그램이기 때문입니다. 게임을 하기 위해서는 많은 기술이 필요한데, 그것에 대한 궁금증을 가지고 각 분야를 유심히 살펴보면 많은 도움이 될 수 있습니다.

청소년 시기에는 눈에 보이는 것이 없으면 호기심을 갖기 어렵습니다. 게임 만드는 것을 연구하다 보면 그에 필요한 프로그래밍 능력과 네트워크, 시스템 등을 공부할 수 있습니다. 그러면 자연스럽게 보안에 필요한 여러 분야를 공부할 수 있고, 보안 분야로 진출할 수 있는 실력을 갖출 수 있습니다. IT 분야는 서로 연관된 부분이 많아서 다른 직종으로 진출하기에 여느 직업보다 편하다고 생각합니다. 단, 기초 실력을 갖췄다는 전제조건 아래에서입니다.

Q9 해킹은 왜 하는 걸까요?

해킹의 근원은 자신의 실력에 대한 자랑입니다. 예전에는 주로 본인의 해킹 실력을 자랑하고 싶어서 하는 경우가 많았지요. 그런데 최근 들어 범죄에 이용하기 위해서 해킹을 하는 경우가 많아졌습니다. 개인의 정보를 취득해서 부당한 이득을 얻으려는 목적으로 해킹을 많이 하지요. 스미싱이 가장 대표적인 예라 할 수 있습니다. 그러나 해커는 반드시 잡힙니다. 웬만한 건 흔적을 남기기 때문에 시간이 걸리지만 결국 잡히게 되어 있습니다.

Q10 보안전문가에게 실력 외에 필요한 자질은 뭘까요?

무엇보다 협동심과 인내심이 필요합니다. 해커가 하나의 시스템을 해킹하는 데는 오랜 시간이 필요합니다. 거의 몇 달 동안 준비를 하지요. 이러한 해킹을 어느 한 사람이 혼자서 막아낼 순 없습니다. 여러 사람이 힘을 합해야 가능하므로 일하는 사람들끼리의 협동심이 매우 중요합니다.

또 해커들은 해킹을 감추기 위해 굉장히 많은 속임수를 씁니다. 이러한 트릭을 찾기 위해서는 시간이 많이 필요합니다. 컴퓨터 화면을 계속 보면서 트릭을 찾아내야 하기 때문에 인내심도 필수입니다.

무엇보다 중요한 건 인성입니다. 해킹과 보안은 동전의 양면과 같습니다. 뚫을 줄 알아야 막을 줄도 압니다. 똑같은 실력을 갖춘 사람 중에서 범죄를 저지르겠다고 결심한 사람은 해커가 되고, 도덕적인 사람은 보안전문가가 되는 것입니다. 그러므로 보안전문가는 올바른 윤리의식을 갖추어야 합니다.

보안전문가인 저희들도 기업에서 돈을 받고 임의 해킹을 합니다. 임의 해킹을 통해서 어떤 문제점이 있는지를 찾아주고, 이를 막으려면 어떻게 보안해야 하는지 알려 줍니다.

Q11 보안 일을 하면서 가장 어려운 점은 뭔가요?

트렌드를 따라가야 하므로 공부를 많이 해야 합니다. 일도 하면서 공부도 해야 하니까 힘들지요. 물론 기본은 똑같기 때문에 기술을 습득하는 시간이 예전에 비해 많이 단축되긴 했습니다. 그러나 일과 공부를 병행하는 것은 역시 힘든 일입니다.

공부 외에 밤을 새는 일이 많아서 힘듭니다. IT 분야에서의 실제 작업은 새벽 시간에 이루어지는 경우가 많습니다. 따라서 컴퓨터 보안전문가들의 생활은 밤낮이 바뀌거나 생활 패턴이 일정하지 않은 경우가 많습니다. 작업의 양이 많을 경우에는 며칠 동안 밤을 새는 경우도 있어서 육체적으로 많이 힘듭니다.

Q12 컴퓨터 분야는 계속 신기술이 생겨나고 있습니다. 이에 대한 대처는 어떻게 하시나요?

신기술에 대한 정보는 대부분 미국 IT 회사들에서 발표합니다. 신기술은 일반적으로 사례 별로 구분돼서 정보가 제공되며, 그 정보들을 바탕으로 개인적으로 공부하거나 여러 커뮤니티에서 정보를 공유하면서 습득하고 연구합니다. 정보는 주로 회사나 인터넷 커뮤니티를 통해 얻고 있습니다.

Q13 컴퓨터 보안전문가의 가장 큰 매력은 뭘까요?

아무래도 풀리지 않는 난제를 풀었을 때의 희열이 가장 큽니다. 일반 회사에서는 정말 급할 때 보안업체로 연락을 합니다. 보안업체는 시간제로 비용을 측정하기 때문에 보안회사에 연락을 한다는 건 정말 급하고 중요한 일입니다. 이러한 일을 해결한 후 감사의 말을 들을 때 희열을 느낍니다. 또한 우리가 제안한 시스템이 안정되게 잘 돌아갈 때도 보람을 느낍니다.

Q14 현재 우리나라 보안회사 시장은 어떻게 돌아가고 있나요?

최근 몇 년 동안 크고 작은 보안사고(해킹)에 대한 뉴스를 많이 접했을 것입니다. 해킹은 점점 많아지고 있고, 스마트폰의 대중화로 인해 보안 시장의 중요성은 더욱 커지고 있습니다.

국내 시장은 그동안 안철수연구소라는 큰 회사를 중심으로 진행되어 왔지만, 현재는 외국계 회사가 많이 들어오고 국내의 다른 보안전문회사들도 많이 생겨나면서 경쟁체제가 이루어졌습니다. 서로간의 발전을 이끌어낼 수 있는 경쟁을 바탕으로 보안 시장은 점점 성장하고 있습니다.

Q15 보안 일에 대한 미래 전망은 어떻다고 생각하세요?

스마트폰 사용이 많아지면서 해킹도 많아지고 있습니다. 그동안 사람들에게 해킹은 먼 나라 이야기거나 텔레비전에서나 볼 수 있는 일이었는데, 지금은 당장 자신이 해킹의 피해자가 될 수 있는 세상이 되었지요.

지금까지의 보안전문가는 대부분 기업 대상으로 일했지만, 미래에는 개인 대상의 보안전문가도 많이 필요해질 것으로 예상됩니다. 요즘은 누구나 해커가 될 수 있는 세상이 되었기 때문에 해커를 막는 보안전문가의 수요는 더욱 많아지고 있습니다. 그런데도 보안 쪽은 아직 개발이 되지 않은 분야가 많아서 그 어떤 직종보다 미래가 밝습니다.

Q16 보안전문가로서 앞으로의 계획을 말씀해 주세요.

저는 당장 실천 가능한 목표를 두고 성취해 가는 편이므로 큰 꿈은 없습니다. 하지만 저도 하고 싶은 일은 있습니다. 현재 거의 없는 분야인 개인 맞춤형 보안 컨설팅을 계획하고 있습니다. 현재의 보안 컨설팅은 대부분 기업형으로 맞춰져 있는데, 미래에는 기술의 발전과 늘어나는 개인 데이터의 증가로 인해 개인에 대한 보안 사고가 많아질 것으로 예상되고, 또 그렇게 되어 가고 있는 추세입니다.

저는 개인 데이터의 유출 및 숨기고 싶은 자료 등 개인이 필요로 하는 보안 분야로 진출해서 새로운 분야를 개척하고 싶습니다. 아직은 제 실력이 부족하지만 계속 공부하고 있습니다. 동시에 저와 같은 꿈을 가진 사람들과 필요한 것들을 공유하면서 꿈을 이루기 위해 노력하고 있습니다.

Q17 보안전문가를 꿈꾸는 학생들에게 조언한 마디 해주세요.

앞서 말했듯이 컴퓨터 보안 분야는 유혹이 많기 때문에 보안전문가에게 가장 중요한 것은 직업적 윤리의식입니다. 해킹은 범죄라는 인식을 분명하게 가져야 합니다. 공격하면 범죄자가 되고, 막으면 보안전문가가 되는 거지요. 또 당연한 말이지만 공부를 열심히 해야 합니다. 특히 영어와 수학은 어느 정도 실력을 갖춰야 합니다.

그리고 호기심과 인내심에 대해 말하고 싶습니다. 호기심이 있어야 트렌드를 계속 따라

갈 수 있습니다. 또 단기간에 성과를 내기 어려운 분야이므로 인내심이 필요합니다. 보안은 단기간에 무언가를 이룰 수 없는 분야지만, 끈기를 갖고 열심히 하면 다른 어떤 분야보다 성공의 문이 열려 있습니다. 또한 IT 분야의 장점 중 하나는 학벌보다는 실력이 우선이라는 점입니다. 물론 학벌이 아예 중요하지 않다는 것은 아닙니다. 실력이 다른 어떤 것보다 우선인 분야이기에 실력을 알릴 수 있도록 많은 대회 참여와 외부 활동을 통해서 실력을 검증하고 공부해 나간다면 다른 어떤 직종보다 기회가 많이 주어질 것입니다.

마지막으로 보안은 아직 개발되지 않은 세부 분야가 많아서 도전해 볼 만한 가치가 있습니다. 열심히 공부하고 많은 사람들과 대화하면서 열린 사고를 가진다면 더 좋은 기회를 갖게 될 것입니다.

00100101010
0001010

COMPUTER
PROGRAMMER

공무원
관습형

C

PUBLIC OFFICIAL

공무원(관습형)

사람들이 보다 안전하고 편안한 삶을 누리기 위해서는 우리 사회의 다양한 곳에서 국민을 위해 일하는 사람들이 있어야 합니다. 사람들이 범죄자로부터 위협을 받거나 사고가 났을 때, 집에 불이 났을 때 적절한 도움을 받지 못한다면 어떻게 될까요? 응급구조 서비스, 치안 활동, 행정 서비스가 제대로 이뤄지지 않는다면 국민들의 삶의 질은 낮아질 수밖에 없습니다. 공무원은 사람들이 편리한 삶을 살 수 있도록 공공서비스를 제공하는 사람들입니다.

01 공무원 이야기

1 공무원이란?

공무원은 보건복지부, 외교부, 국세청 등의 행정 부처와 시청, 구청, 동사무소 등 지방자치단체에서 자신이 속한 부서의 특성에 맞는 전산, 민원처리 등 다양한 업무를 수행합니다. 또 입법부인 국회나 사법부인 법원, 검찰 등에서 근무하는 사람도 공무원입니다. 위급한 상황에 처한 사람들을 돕는 경찰관이나 소방관 역시 공무원에 속합니다.

다양한 업무를 수행하고 있지만 공무원 모두는 국민을 위해 일한다는 공통점이 있습니다. 헌법 제7조에 '공무원은 국민 전체에 대한 봉사자이며, 국민에 대하여 책임을 지는 자'라고 규정하고 있습니다. 따라서 공무원은 공공의 이익을 먼저 생각할 수 있는 사람이 택해야 할 직업입니다.

2 공무원의 종류

공무원은 다양한 곳에서 많은 업무를 처리해야 하는 만큼 직무 역시 소속 기관에 따라서 기술, 건설, 회계, 법률, 통계, 치안 등 특성화되어 있습니다.

공무원은 크게 실적과 자격에 의하여 임용되고 그 신분이 보장되어 정년까지 근무할 수 있는 '경력직 공무원'과 정치적이거나 특수한 직무를 수행하기 위해 일정 기간 임용되는 '특수경력직 공무원'으로 나눌 수 있습니다.

경력직 공무원은 다시 일반직, 특정직, 기능직으로 세분됩니다. 일반직 공무원은 우리가 통상적으로 말하는 공무원으로 기술, 연구 또는 행정 일반에 대한 업무를 담당합니다. 예를 들면 시청, 구청, 동사무소 등에서 일하는 공무원들이 여기에 속합니다. 특정직 공무원은 특수 분야의 업무를 담당하는 공무원입니다. 법관, 검사, 외무공무원, 경찰공무원, 소방공무원, 교육공무원, 군인, 군무원 및 국정원 직원 등이 여기에 속합니다. 기능직 공무원은 국가기술자격법에 의해 기능 자격증을 취득하고 사무보조원이나 철도, 체신 업무, 운전 등 기능적인 업무를 담당하는 공무원입니다.

특수경력직 공무원은 정무직, 별정직, 계약직, 고용직 공무원으로 나눌 수 있습니다. 정무직 공무원은 선거에 의해 취임하거나 임명에 있어서 국회의 동의가 필요한 공무원으로 국회의원, 국무총리, 장·차관, 감사원장 등이 여기에 속합니다. 정무직 공무원은 권한과 책임의 정도가 높고 고도의 정치적, 정책적 업무를 담당합니다. 별정직 공무원은 특정 업무를 담당하기 위해 일반직과 다른 방법으로 임용된 공무원으로 비서관, 비서, 노동위원회 상임위원 등이 있습니다. 계약직 공무원은 국가와 채용 계약을 하고, 일정 기간 전문지식이 요구되는 업무에 종사하는 공무원입니다. 단순 노무에 종사하는 고용직 공무원도 특수경력직 공무원에 속합니다.

Tip

공무원은 일반 사기업에 비해 높은 연봉을 받지는 못합니다. 하지만 공무원은 특별한 규정이 있는 경우를 제외하고는 정년이 60세로 보장되어 중간에 사직하거나 명예 퇴직률이 높은 일반 사기업에 비해 안정적이라 할 수 있습니다.

경력직 공무원	일반직 공무원	기술, 연구 또는 행정 일반에 대한 업무를 담당하며 직군, 직렬별로 분류되는 공무원 예) 행정, 공안, 기술, 연구, 지도직 공무원 등
	특정직 공무원	특수 분야의 업무를 담당하는 공무원 예) 법관, 검사, 외무공무원, 교육공무원, 경찰, 소방, 군인, 군무원, 국정원 직원 등
	기능직 공무원	현업 관서 등에서 기능적인 업무를 담당하는 공무원 예) 사무원, 교환원, 방호원, 위생원, 체신 및 철도 현업 관서 직원 등
특수경력직 공무원	정무직 공무원	권한과 책임의 정도가 높고 고도의 정치적, 정책적 업무를 담당하는 공무원 예) 국회의원, 국무총리, 장·차관, 감사원장 등
	별정직 공무원	특정 업무를 담당하기 위하여 일반직과 다른 방법에 의하여 임용된 공무원 예) 비서관, 비서, 비상계획업무담당관, 노동위원회 상임위원 등
	계약직 공무원	국가와 채용 계약에 의하여 일정 기간 전문지식이 요구되는 업무에 종사하는 공무원 예) 문화재 발굴, 보존, 헬기 조종, 우표 디자인 등
	고용직 공무원	단순 노무에 종사하는 공무원 예) 업무 보조

3 공무원의 의무

공무원은 국가기관의 담당자로서 국가에 대하여 봉사하는 것을 그 임무로 하며 이에 대응하는 특별한 의무를 부담합니다. 공무원의 의무는 다음과 같습니다.

성실 의무 모든 공무원은 법령을 준수하며 직무를 성실히 수행해야 합니다.

복종 의무 공무원은 직무를 수행함에 있어 소속 상관의 직무상 명령에 복종해야 합니다.

친절공정 의무 공무원은 국민, 주민 전체의 봉사자로서 친절하고 공정하게 근무해야 합니다.

비밀엄수 의무 공무원은 재직 중은 물론 퇴직 후에도 직무상 알게 된 비밀을 엄수해야 합니다.

청렴 의무 공무원은 직무와 관련하여 직접 또는 간접을 불문하고 사례·증여 또는 향응을 수수할 수 없으며, 직무상의 관계 여하를 불문하고 그 소속 상관에게 증여하거나 소속 공무원으로부터 증여를 받아서는 안 됩니다.

Tip

공무원에게는 친절·공정의 의무가 있으므로 간혹 무리한 요구를 하는 민원인을 만나더라도 친절한 자세를 잃지 않고 대응해야 합니다. 공적인 업무 영역에서 국민에 대해 봉사하는 직업인 만큼 국민을 섬기는 자세를 잃지 않아야 합니다.

품위유지 의무 공무원은 직무의 내외를 불문하고 그 품위를 손상하는 행위를 하여서는 안 됩니다.

4 직업 전망

공무원은 최근 대학생들이나 구직자들이 가장 선호하는 직업입니다. 경제가 어려워지고 경쟁이 치열해지면서 40~50대에 조기 퇴직하는 직장인들이 늘어나고 있는 데 비해 공무원은 특별한 규정이 없는 한 60세까지 정년이 보장된다는 장점 때문입니다.

2014년 공무원의 수가 100만 명을 돌파하는 등 우리나라의 공무원 수는 점차 늘고 있습니다. 사회와 국가가 발전할수록 국민들이 원하는 서비스의 질과 수준이 높아지고 있으며, 이러한 요구에 맞추어 공무원 수도 늘어날 것으로 예상됩니다.

02 공무원의 종류

1 일반직 공무원

행정공무원 행정 업무 전반을 담당하는 공무원으로, 거의 모든 행정 부처와 부서, 각 지방자치단체에 배치되어 근무합니다.

교육행정공무원 교육부 소속으로 일선 교육기관에서 교육 행정 업무를 담당합니다.

세무공무원 국세청, 세무서에 근무하면서 내국세의 부과 및 감면, 징수, 국제 심사 청구에 대한 심판 등 전문적인 업무를 담당합니다.

관세공무원 관세청에 소속되어 수출입 물품의 통관 밀수 단속, 조세범칙 사건의 조사, 관세의 부과 감면 징수에 따른 업무를 수행합니다.

사회복지공무원 보건복지부에 소속되어 소외되고 불안정한 사회계층의 생계 보호와 자립 지원 등 사회 개선 업무를 수행합니다.

사서직공무원 주로 지방자치단체에서 선발하며 도서관 운영 및 도서관 업무에 관한 전반적인 일을 담당합니다.

감사직공무원 경찰이나 검찰, 군장교 등 정부기관에서 일하는 사람들을 대상으로 직무에 대한 감찰 업무를 하고, 감찰 결과 비리가 있는 사람에 대해 징계하는 일을 담당하는 공무원입니다. 국가 기관 예산 및 정책, 집행 과정에 관련된 모든 업무를 담당하며, 대통령 직속이지만 그 직무는 독립적인 지위를 갖습니다. 감사 결과 비리가 발견되는 사람에게 파면이나 해임, 정직 등의 징계를 내립니다.

교정공무원 법무부에 소속되어 각 교정기관에 근무하면서 재소자를 관리, 교정, 교화하는 것과 관련된 업무를 합니다.

보호직공무원 전국에 있는 보호관찰소에서 근무하며 법원으로부터 보호관찰명령을 받거나 사회봉사 등의 처분을 받은 사람들을 감독, 지도하는 일을 합니다. 또 소년원이나 소년분류심사원에서 근무하기도 합니다.

마약수사직공무원 검찰청에 소속되어 마약 사건의 접수, 처리 및 마약

범죄 수사를 담당합니다.

철도공안직공무원 열차 내 질서 유지를 위한 사법 경찰로서 열차 내 승객의 안전 보호, 철도 장비 등 열차 내에서 발생하는 각종 범죄 사건을 처리합니다.

공업직공무원 국토교통부, 교육부, 산업통상자원부 등의 중앙 부처와 지방자치단체에서 기계 설비에 관한 기술 업무를 담당합니다.

농업직공무원 농림축산식품부, 농촌진흥청에서 식량 증산, 비료의 제조, 채소 등 각종 농산물 생산 및 농산물 검사 등의 업무를 담당합니다.

임업직공무원 산림청에 소속되어 산림자원의 증식에 관한 업무를 합니다.

시설직공무원(일반토목) 도로, 교량, 철도, 상하수도, 항만, 하천, 댐 등의 건설공사를 하고 농지 개량 및 농지 확대를 위한 조사, 계획 설계, 측량 제도와 공사 시공 등에 관한 전문적이고 기술적인 업무를 담당합니다.

시설직공무원(건축) 각종 건축 사업에 관한 조사, 기획, 설계 시공, 준공 검사와 건축 법규의 정비, 운용 등에 관한 전문적이고 기술적인 업무를 담당합니다.

전산직공무원(전산개발) 행정 업무의 전산화를 위한 계획의 수립, 조정, 전산 요원의 교육 · 훈련 등에 관한 업무를 합니다.

전산직공무원(전송기술) 유선, 무선통신 선로의 운용 및 각종 통신시설의 설계, 공사, 감독, 유지, 보수하는 일을 합니다.

2 특정직 공무원

법관 대법원과 각급 법원에서 재판 사무를 담당하는 공무원입니다. 대법원장, 대법관, 판사가 여기에 속합니다. 사법시험에 합격하여 사법연수원의 소정 과정을 마치거나 검사 또는 변호사 자격이 있는 사람 중에 임명됩니다.

검사 형사소송에서 국가 또는 공익의 대표자로서 범죄를 수사하고 증거를 수집하며 공소를 제기하는

Tip

경찰관은 일반 경찰부터 테러를 예방하고 대응하는 경찰특공대, 온라인상의 범죄를 해결하는 사이버범죄수사 전문요원, 청와대의 경비를 수행하는 101경비단 등으로 구분되어 다양한 역할을 수행합니다.

Tip

현재 소방관은 단순히 화재의 예방과 진압이라는 전통적인 업무로부터 확대되어 국가의 모든 안전사고를 수습하고 있습니다. 화재, 홍수, 건물 붕괴, 가스 폭발 등 비상사태 현장에 제일 먼저 도착해 사람들의 안전을 지켜주고 있습니다.

일을 합니다. 사법시험에 합격한 뒤 일정한 연수과정을 마친 사람 중에서 대통령이 임명합니다.

외무공무원 전 세계를 무대로 국가와 국민을 위해 일하는 공무원입니다. 대외적으로 국가 이익을 보호·신장하고, 외국과의 우호·경제·문화 관계를 증진하며, 재외 국민을 보호하는 역할을 합니다.

경찰공무원 각종 범죄를 예방하고 수사하는 업무, 경호 및 대간첩 작전을 수행하는 업무, 교통 단속과 치안, 질서유지 등을 담당합니다. 소속 기관에 따라 업무 내용이 달라지지만 국민이 안심하고 편안하게 살 수 있도록 노력한다는 점에서는 같습니다.

소방공무원 화재 및 사고를 예방하고, 화재 또는 사고가 발생했을 경우 진화 작업을 수행하며 인명과 재산을 구조합니다.

교육공무원 국립 및 공립학교의 선생님뿐만 아니라 교육행정기관에 근무하는 장학관과 장학사, 연구기관이나 교육행정기관 및 교육연구기관에 근무하는 교육연구관·교육연구사를 말합니다.

군무원 국방부 및 육군·공군·해군 소속 군 기관에서 기술, 연구 또는 행정 일반에 대한 업무 및 기능적인 업무를 수행합니다.

국가정보원 대통령 직속의 중앙 행정 기관의 하나로 국내외 보안 정보의 수집, 작성, 배포, 국가 기밀의 보안, 국가 안보 관련 범죄 수사 등의 업무를 담당합니다.

03 책과 영화 속에서 만나는 공무원

1 관련 책

1) 〈목민심서〉

조선 순조 때, 정약용이 자신의 체험과 유배 생활을 바탕으로 지방관을 각성시키고 농민 생활의 안정을 이루려는 목적으로 지은 책입니다. 정약용은 곡산 군수로서 백성을 다스리다가 억울한 누명을 쓰고 18년 동안 강진에서 귀양살이를 하게 됩니다. 그 과정에서 백성들이 국가 권력과 관리의 횡포에 고통받는 사실을 누구보다도 소상히 알게 되었습니다.

조선시대에는 중앙 정부의 행정력이 지방에까지 고루 미치기 어려웠기 때문에 수령들이 행정뿐만 아니라 사법권도 가지는 등 그 권한이 막강했습니다. 이런 수령이 백성을 잘 다스리는 법을 〈목민심서〉에 담고 있습니다. 부임하는 일에서 시작하여 청렴하고 검소한 생활을 하는 법, 자기 자신을 바르게 하는 법, 공적인 일을 수행하는 법, 백성을 사랑하는 법, 아전들을 단속하는 법, 세금·예절·군사·재판 그리고 백성을 구제하는 법, 퇴임하는 일을 기술하였습니다. 책은 전체 12강 72조로 나누어 목민관의 생활을 총망라하고 그 책임에 대해 이야기합니다.

〈목민심서〉를 통해 당시의 정치제도는 물론 사회상까지 알 수 있습니다. 〈목민심서〉에서 제시한 공직자의 자세는 조선시대뿐만 아니라 오늘날까지도 많은 공무원들의 귀감이 되고 있습니다.

2) 〈나는 공무원이 되고 싶다〉 이인재 지음. 책비. 2014

현재 행정자치부 제도정책관(2급)으로 재직 중인 저자가 공직 생활을 하면서 느낀 좋은 점, 그렇지 않은 점을 저술한 책입니다. 공무원을 꿈꾸는 젊은이들을 위해 공무원 세계는 과연 어떤 곳인지부터 어떤 사람이 공무원을 해야 좋은지, 공무원이 되면 실제 어떤 업무들을 하게 되는지 등을 구체적인 질문과 답으로 풀어냈습니다.

저자는 자신의 견해뿐만이 아닌 25년간의 공직생활 동안 만났던 다양한 선후배들의 예를 통해 건강한 공무원상, 지혜로운 공무원 생활을 가감 없이 들려주고, 전문적인 식견으로 공무원 사회에 대한 날카로운 분석과 나아갈 길을 제시했습니다.

이 책을 읽으면 평소 궁금했던 공무원의 세계와 공무원이 하는 일들을 미리 살펴보는 것은 물론, 공무원이 자신에게 적합한 길인지를 구체적으로 살펴볼 수 있습니다.

3) 〈공무원이 말하는 공무원〉 김미진 외 20명 지음. 부키. 2014

다양한 분야에서 일하고 있는 현직 공무원 20명이 자신들의 일과 일터에 대한 진솔한 이야기를 담고 있는 책입니다. 새내기들의 연수원기, 좌충우돌 업무 적응기를 비롯해 주민센터, 구청, 시청, 세종시 공무원, 지방공무원, 교도소, 우체국, 원자력발전위원회, 통계청, 공정거래위원회 등에서 일하며 자신의 역할을 다하고 있는 공무원들을 만나볼 수 있습니다.

장래 직업으로 공무원을 고려하는 청소년들과 대학생, 이직을 꿈꾸는 직장인들에게 '진짜 공무원'이란 어떤 것인지 간접적으로 느껴볼 수 있는 책입니다.

4) 〈공무원이 보인다-공무원 되기 ALL 가이드〉 윤창수 지음. 박문각 에듀스파. 2013

이 책에서는 공무원 시험 공부를 효과적으로 할 수 있는 방법 등 인기 직종인 공무원이 되는 여러 길을 자세히 소개하고 있습니다. 고등학생, 대학생, 주부, 제2의 인생을 꿈꾸는 40~50대가 공무원이 되는 방법도 담겨 있습니다. 수년간의 수험생활을 거쳐 공채만을 통과하는 것이 아니라 민간경력 채용제도, 지역인재 선발제도, 시간제 공무원 등 공무원이 될 수 있는 다양한 길을 소개하고 있어 유용합니다.

2 관련 영화

1) 〈7급 공무원〉

2009년에 개봉되어 큰 인기를 끈 영화로, 국정원을 배경으로 한 7급 공무원의 이야기를 다루고 있습니다.

조국을 위해 몸바쳐 일하는 게 직업인 국정원 직원 수지는 바쁜 와중에도 남자친구 재준을 사귀고 있습니다. 하지만 항상 누굴 쫓아야 하고 위장을 해야 하는 순간들 때문에 남자친구와의 관계가 순조롭지 못합니다. 결국 재준에게 거짓말을 밥 먹듯 하다 일방적인 이별을 통보받습니다.

3년 뒤, 국제회계사로 신분을 위장하고 국가정보원 해외파트 소속 요원이 되어 돌아온 재준과 수지는 다시 만나게 되고, 티격태격, 알콩달콩 다시 사랑을 키워 나갑니다.

영화의 인기에 힘입어 2013년 TV의 미니시리즈 드라마로 재탄생되기도 했습니다. 드라마는 영화보다 국정원 직원들의 훈련과정을 흥미롭게 그려냈고, 신입사원으로서의 고민도 현실감 있게 다뤘다는 평을 얻었습니다.

2) 〈나는 공무원이다〉

2012년에 개봉된 독립 영화입니다. 자신의 삶과 직업에 200% 만족하며 살아가고 있는 윤제문은 마포구청 환경과 생활공해팀에 근무하는 10년차 7급 공무원입니다. 그는 직업상 짜증나게 하는 민원인을 상대하는 일이 많습니다. 민원인들의 무리한 요구에 다른 직원들은 흥분해서 평정심을 잃기도 하지만 윤제문은 짜증 한 번 내지 않고 민원인을 살살 달래고, 일도 능수능란하게 하여 동료들은 물론 상사들에게까지 신임을 얻고 있습니다. 커다란 변화 없이 단조로운 공무원의 삶에 만족하고, 일하고 돌아와서는 텔레비전을 보는 것이 유일한 낙입니다. 그러던 그가 우연찮게 어느 인디밴드와 엮이게 됩니다. 인디밴드에 의해 음악이라는 신세계에 눈을 뜨게 되고 무미건조했던 그의 삶이 열정이 가득한 불꽃 튀는 인생으로 변화하는 내용을 담은 영화입니다.

3) 〈집행자〉

2009년 우리나라에서 개봉된 영화로, 교도소에 근무하는 교정공무원의 이야기를 다루고 있습니다. 12년 만에 사형제도가 부활했다는 것을 전제로 이야기가 전개되며, 이런 모든 과정이 교도관의 시선으로 그려져 있습니다.

법무부 교도관 시험을 준비하던 재경은 공부한 지 3년 만에 시험에 합격하여 서울교도소로 발령이 납니다. 첫 출근 날 아무것도 모르는 재경에게 10년차 교도관 종호는 '짐승은 강한 놈에게 덤비지 않는 법'이라며 재소자를 다루는 법을 하나씩 가르쳐 줍니다. 또한 상사 김교위는 사형수와 정겹게 장기를 두기도 합니다.

그러던 어느 날, 서울교도소에 일대 파란이 일게 됩니다. 12년 간 중지됐던 사형 집행이 연쇄살인범 장용두 사건을 계기로 되살아났기 때문입니다. 법무부의 사형집행 명령서가 전달되고 교도관들은 패닉 상태에 빠집니다. 사형은 법의 집행일 뿐이라 주장하는 종호는 자발적으로 나서지만 다른 교도관들이 갖은 핑계를 대며 집행조에 뽑히지 않으려는 사이 사형수 장용두는 자살을 기도하고, 유일하게 사형집행 경험을 가진 김교위는 어디론가 사라져 버립니다.

제비뽑기로 일당 7만 원을 받고 사형을 집행해야 하는 집행관들. 돈이나 원한 때문이 아니라 단지 직업이라는 이유만으로 사람을 죽여야 하는 그들의 처지가 잘 드러나 있는 영화입니다.

4) 〈타워〉

2012년 개봉된 영화로, 시민의 안전을 위해 헌신하는 소방공무원의 모습이 그려져 있습니다.

딸 하나를 홀로 키우고 있는 이대호는 대한민국 최고의 주상복합 아파트 '타워'에서 근무합니다. 크리스마스 이브날 딸 하나에게 눈 내리는 것을 보여주겠다며 딸을 타워로 초대합니다. 그러나 눈 내리는 타워의 크리스마스 이벤트는 불행의 시발점이 됩니다. 강한 상승기류로 헬기를 띄울 수 없다는 헬기 측의 거절에도 불구하고 타워의 회장은 강제로 헬기를 띄웁니다. 결국 헬기는 타워의 상층부에 추락하고 큰 화재로 이어집니다. 그러나 타워 내의 소방시설이 미비해 화재는 진압되지 않고 걷잡을 수 없이 번집니다. 이로 인해 소방대가 출동하고, 소방관의 임무에 큰 사명감을 가지고 있는 강영기는 비번임에도 불구하고 자진해서 출동합니다. 그리고 화재 근원지에 직접 잠입하여 불을 진압하고 이대호와 그의 딸을 비롯해 고립된 사람들을 구하기 위해 최선을 다합니다.

그들이 탈출할 수 있는 유일한 방법은 물탱크를 폭파시키고 한강으로 그 물줄기를 타고 내려가는 방법뿐인데 폭파 리모컨을 잃어버린 강영기는 자신을 희생하여 임무를 완수합니다. 강영기의 희생 덕분에 나머지 사람들은 안전하게 탈출하게 됩니다.

04 공무원이 하는 일

1 공무원의 하루

경찰공무원이나 소방공무원 등을 제외한 공무원은 9시 출근 6시 퇴근을 원칙으로 하되 업무가 끝나지 않으면 야근도 합니다. 지금부터 사람들에게 가장 친숙하게 다가오는 동사무소 공무원과 소방공무원의 하루를 따라가 보겠습니다.

1) 동사무소 공무원의 하루

출근하여 차 한 잔 하며 그날의 일과를 파악합니다. 공무원의 정식 근무 시간은 오전 9시이지만 업무 준비를 위해 20~30분 전

에 출근하는 것이 보통입니다.

 동사무소는 가장 가까운 곳에서 주민 생활을 도와주는 곳
입니다. 따라서 동사무소 공무원은 시민의 일상생활과 직
접 관련된 업무를 추진합니다.

각종 증빙서 및 서류 발급을 담당하는 공무원은 민원인들의 요구에
따라 각종 서류를 취급합니다. 주민센터 담당 공무원은 지역문화행사,
취미 교실 등 주민을 위한 문화, 복지, 편익 증진을 위한 업무를 담당합
니다. 사회복지 업무를 담당하는 공무원은 서비스 대상자가 찾아왔을
때 상담을 한 다음 도와줄 수 있는 방법을 찾고, 필요하다면 주민의 집
을 방문하고 지속적인 관리를 해줍니다. 동네의 청소 상태를 점검하고
신경 쓰는 청소 담당이나 불법주정차 단속 등을 담당하는 공무원은 외
근을 하는 시간이 많습니다.

 점심식사는 일반적으로 함께 근무하는 동료들과 합니다.

 오전 근무와 마찬가지로 각자 맡은 분야에서 주민들을 위
해 일합니다.

 별다른 일이 없으면 6시에 퇴근을 하지만 업무가 남아 있
으면 야근을 합니다. 특히 을지연습을 하거나 자연재해가
발생했을 때, 각종 재난에 대비한 봄철 비상근무, 가뭄 대
책, 기상특보 즉 태풍 등에 의한 수해예방대책 비상근무 등 비상 상황
이 발생하거나 예견될 때 비상근무를 합니다.

2] 소방공무원의 하루

소방공무원은 화재, 재난 및 그 밖의 위급한 상황에서 효
과적인 대응을 위해 야간, 공휴일에 관계없이 상시 근무체
제를 유지하고 있습니다. 현재 소방공무원들은 24시간
근무하고 48시간을 쉬는 3교
대 근무를 하고 있습니다.

출근하여 작업복으로 갈아
입고 어제 오전부터 24시간
동안 근무를 한 근무자에게

인수인계를 받습니다. 또한 출동 상황에 대해 각 파출소와 구조대의 점검 보고도 받습니다.

 인수인계를 마친 후 출동에 대기하면서 장비 점검은 물론 구조방법에 대한 연구, 밀린 업무 처리 등을 합니다. 업무를 하던 중이라도 출동 명령이 떨어지면 신속하게 출동해 인명을 구조하고 화재를 진압해야 합니다.

 동료들과 함께 점심식사를 합니다. 소방관들은 식사 속도가 빠른 편입니다. 늘 대기하고 출동해야 하는 생활이 몸에 밴 탓입니다.

 출동이 없으면 오전과 마찬가지로 업무를 봅니다. 소방관들은 업무 중간에 체력 단련을 위해 운동을 하기도 합니다. 운동으로 몸을 충분히 푼 상태에서 출동을 하면 안전사고를 방지할 뿐만 아니라 민첩성도 확보할 수 있습니다.

 밤이 되어도 근무는 계속됩니다. 출동 명령이 없으면 잠시 눈을 붙이기도 하지만 그 때에도 작업복을 입은 채 긴장 상태를 유지해야 합니다. 아침이 되면 현장조사 요원들과 당직자들은 보고 문서를 정리합니다.

오전 8시 30분에 교대 근무자들이 출근하면 인수인계를 하고 퇴근을 합니다.

2 우리나라 공무원의 평균 삶

안전행정부에서는 대한민국 공무원 평균 삶에 대한 실태조사를 하여 발표했습니다. 임용 초창기, 재직 10년차, 재직 30년차로 나누어 공무원들의 위치와 연봉, 생활 패턴 등에 조사하여 발표했는데, 그 결과는 다음과 같습니다.

1) 임용 초창기

• 9급 공채로 갓 임용된 공무원들을 분석한 결과, 82%는 대학교를 졸업했으며, 2012년 현재 72:1이라는 치열한 경쟁률을 뚫고 합격한 것으로 나타났습니다.

• 신규임용 연령은 남성 30세, 여성 28세로 남성이 2년 정도 늦은데,

Tip

소방관들은 2000년 초까지는 24시간 근무하고 24시간을 쉬는 2교대 근무가 일반적이었습니다. 2교대 소방관들은 주당 84시간이라는 격무에 시달렸고, 이런 열악한 근무 여건은 진화 작업 지연과 사고의 원인으로 지목되었습니다. 다행히 2009년부터 소방방재청에서는 24시간 일하고 48시간을 쉬는 3교대 근무를 추진했고, 현재 대부분의 소방서에서 지켜지고 있습니다. 이렇게 하여 소방관의 표면적인 근무 시간은 줄었지만 인력 충원 없이 3교대로 전환하면서 노동 강도는 오히려 강해졌다는 지적이 나오고 있습니다.

이는 군대 복무기간 때문인 것으로 보입니다.

- 9급으로 신규 임용되면 직급보조비 등 복리후생비를 포함하여 월평균 156만 원(세금 공제 전) 정도의 월급을 받습니다.

2) 재직 10년차

- 재직 10년차를 분석한 결과 7급으로 승진한 경우가 74.9%로 가장 많았고, 6급으로 승진한 인원은 1.8%에 불과하였습니다. 그리고 8급으로 승진한 인원은 22.4%로 나타났고 평균 연령은 37세입니다.
- 7급(8호봉) 기준으로 월평균 274만 원(세금 공제 전)의 보수를 받습니다.
- 결혼해서 1~2명(평균 1.7명)의 자녀를 두고 있고, 맞벌이를 하며, 휴일에는 주로 텔레비전 시청, 여행 등을 하는 것으로 나타났습니다.

3) 재직 30년차

- 재직 30년차를 분석한 결과 6급 승진 인원이 63.4%로 가장 많았으며, 5급 승진 인원은 28.3%, 4급 이상으로 승진한 경우는 2.7%(재직 기간 30년차 이후의 고위공무원 35명 포함)였습니다. 평균 연령은 54세입니다.
- 이들은 6급(27호봉) 기준으로 월평균 442만 원(세금 공제 전)의 보수를 받는 것으로 나타났습니다.
- 자녀가 장성하여 학비가 적게 들어감에 따라 맞벌이보다 외벌이 비율이 높았으며, 재직 20년차와 대비하여 휴일에 등산하는 비율이 남성은 5.5%P(15.3%→20.8%), 여성은 5.8%P(7.9%→13.7%) 증가하였습니다.

05 공무원이 되기 위해 필요한 능력

1 친절함

한 설문조사에 의하면 민원인은 '친절한 공무원'을 최고의 공무원이라고 답했습니다. 개인주의화된 요즘 세상에 누군가에게 친절을 베푸는 것은 쉬운 일이 아닙니다. 그럴수록 공무원들은 국민들에게 친절이라는 서비스 상품을 제공하여 믿음을 얻어야 합니다.

2 성실함과 책임감

성실은 모든 직장생활에서 필수적인 성공 요인으로 꼽힙니다. 공무원도 예외는 아닙니다. 성실의 의무는 공무원의 기본 의무로 명시되어 있을 정도입니다. 공무원의 업무는 특별한 경우가 아니면 반복적인 작업이 많습니다. 수십 년을 똑같은 일을 해야 하는 경우도 있습니다. 이때 성실성이 없다면 견디기 어렵습니다.

또한 공무원의 업무는 공동 작업이 많습니다. 자신의 일을 끝까지 책임지지 않으면 동료 공무원들에게 떠넘기는 꼴이 됩니다. 게다가 민원인들에게도 그 피해가 고스란히 갑니다. 따라서 자신의 일을 끝까지 책임지는 자세가 필요합니다.

3 전문성

공무원 사회는 예전에 비해 상당히 유연해지고 공무원 개개인이 능력을 발휘할 수 있는 방향으로 움직이고 있습니다. 공무원은 자신이 맡고 있는 업무에 대해서는 누구에게도 뒤처지지 않을 만큼의 해박한 지식이 필요합니다.

4 원만한 대인관계

공무원 사회는 다른 조직보다 공동체적인 마인드가 강한 조직입니다. 업무 자체도 함께 해나가야 더 좋은 실적을 올릴 수 있는 특성을 가진 것들이 많습니다. 특히 각 부서별 팀 체제로 운영되고 있는 공무원 조직의 경우 팀워크가 팀의 발전을 결정짓는 중요한 요인이 될 수 있습니다. 따라서 동료들과 함께 성장하고 발전하기 위해서 자신의 개인기를 발휘하기보다는 팀워크를 발휘하여 조직과 융화될 수 있는 사람이 되어야 합니다.

5 도덕성

공무원은 청렴의 의무가 있습니다. 공무원은 직무와 관련하여 직접적으로나 간접적으로 사례 · 증여 또는 향응을 주거나 받을 수 없습니다. 공무원은 공무 이외의 영리를 목적으로 하는 업무에 종사하지 못하며, 소속 기관장의 허가 없이 다른 직무를 겸할 수 없습니다. 공무원이 공무 이외의 영리업무에 종사하면 직무 수행 능률이 저하되고 공익과 상반되는 이익을 취득함으로써 정부에 대한 신뢰감을 저하시킬 위험이 있으므로 영리업무에 종사하는 것을 금지하는 것입니다.

06 공무원의 장단점

1 장점

1) 차별 없는 임용

2013년 서울 9급 공무원의 경쟁률은 무려 85:1을 기록할 만큼 폭발적인 관심이 있었습니다. 이토록 치열한 경쟁을 보이는 이유 중 하나는 임용에 있어서 학력이나 경력, 성별 등 그 어떤 차별도 없다는 점 때문입니다. 면접할 때도 학교, 경력 등을 사전에 제공하지 않는 무자료 면접시험을 도입했는데, 이는 면접위원의 선입견을 배제하고 오로지 평가 결과에 의해서만 합격의 당락을 결정하기 위해서입니다.

2) 직업적 안정성

공무원의 정년은 만 60세로 40대 후반이나 50대 초반에 그만두어야 하는 일반 회사원들에 비해 긴 편입니다. 또한 좋은 복지 조건과 퇴직 후에는 높은 연금을 받을 수 있는 장점이 있습니다.

그리고 부정부패에 연루되지 않은 이상 그만두어야 하는 경우는 없습니다. 일반 회사의 경우 사장이나 상사와 갈등이 있으면 그만두어야 할 경우가 생기지만 공무원은 신분이 보장되므로 비교적 상사의 눈치를 보지 않고 일할 수 있습니다.

3) 보람과 자부심

공무원은 업무를 통해 국민들에게 도움을 주기 때문에 보람과 만족도가 높은 편입니다. 또한 공무원에 대한 사람들의 인식도 좋은 편이고, 나랏일을 하고 있다는 자부심을 가질 수도 있습니다.

2 단점

1) 매너리즘에 빠질 수 있습니다

일반 행정직의 경우 단순 사무적인 일이 많고, 반복되는 일이 많기 때문에 자신의 일상에 대해 특별한 의미를 부여하지 않으면 매너리즘에 빠져 기계적으로 일을 처리할 위험이 있습니다. 자칫 대국민 서비스의 질이 낮아질 염려가 있습니다. 따라서 공무원은 보다 효율적인 업무 방식이 무엇인지 생각하고, 창의적으로 일을 하고자 노력해야 합니다.

2) 근무 환경이 열악한 곳도 있습니다

공무원 중에는 근무 환경이 열악한 경우도 많습니다. 특히 사회복지 공무원들의 과도한 업무와 열악한 근무 환경이 문제가 되고 있습니다. 실제로 동사무소에 배치된 사회복지 공무원의 경우, 한 명이 그 동네에

Tip

과거 공무원의 근무환경이 열악하여 한때 사회복지 공무원을 기피하는 현상까지 있었습니다. 현재 정부는 사회복지 공무원 수를 늘리고 합리적인 업무 환경을 만들기 위해 노력 중입니다.

위치한 수백 명의 기초생활수급자 등을 돌봐야 하므로 수시로 야근이 이어지는 등 높은 노동 강도에 시달리고 있습니다.

3) 정신적인 스트레스가 많습니다

공무원은 인내심이 요구되는 직업입니다. 국민을 위해 봉사해야 하는 위치이므로 민원인의 얘기에 귀를 기울이고 해결해 주고자 노력해야 할 의무가 있습니다. 간혹 말도 안 되는 요구를 집요하게 하는 민원인일지라도 최대한 친절한 자세를 유지하며 설득할 수 있어야 합니다. 또한 사람들은 공무원에게 더 높은 도덕성을 기대하므로 공무원은 직장 생활뿐 아니라 사생활에 있어서도 늘 조심해야 합니다.

07 공무원이 되기 위한 과정

1 중·고등학교 시절

공무원이 되는 데 학력의 제한은 없습니다. 그러나 실제로 공무원의 학력 수준은 대학원 이상 21.9%, 대학교 졸업이 48.4%로 대부분 대학교 이상 졸업자들입니다. 특히 대학에서 행정학과 등에 진학하여 공부하면 공무원이 되는 데 유리하므로 중·고등학교 시절에 기본적으로 공부를 열심히 해야 합니다.

그리고 기회가 되는 대로 봉사 활동에 적극적으로 참여하는 것이 좋습니다. 즉, 학교에서 정해 주는 봉사 시간을 채우는 데서 만족하지 말고, 방학이나 휴일을 이용해 정기적으로 기관을 찾아가 봉사 활동을 합니다.

또한 공무원으로서 일을 잘하려면 세상 돌아가는 것도 잘 알고 있어야 하므로 책을 많이 읽고, 텔레비전 뉴스나 신문을 열심히 봐야 합니다.

2 대학교 시절

대학에서는 행정학을 전공하면 무난하지만 진출하고 싶은 분야에 따라 교육대학이나 사범대학, 사회복지학과를 전공하는 것이 좋습니다. 즉 일반 공무원이 되고 싶다면 행정학과가 유리하고, 교사 등 교육공무원이 되고 싶다면 교육대학이나 사범대학, 사회복지 공무원이 되고 싶다면 사회복지학과를 선택하는 것이 좋습니다.

공무원 시험은 어느 분야에 응시하느냐에 따라 시험 과목이 다르지만 기본적으로 국어, 한문, 한국사, 영어, 법 등에 관한 지식이 필요하므로 전공 공부 외에도 관련 동아리에 들어 활동하면서 이론적인 공부도 더 하고, 자원봉사를 통해서 다양한 현장 경험을 해 보는 것이 좋습니다.

3 공무원 시험 응시

공무원 시험에는 국가공무원 시험과 지자체에서 시행하는 지방공무원 시험이 있습니다. 보통 9급, 7급, 5급에서 시작하여 경력과 승진 시험을 통해 1급까지 승진할 수 있습니다. 시험을 보기 위한 정규 교육과정이나 훈련은 없으며, 보통 혼자서 하거나 일반 사설학원을 통해 공부합니다.

1) 국가공무원 시험

크게 행정부 공무원 시험, 입법부 공무원 시험, 사법부 공무원 시험으로 나뉩니다. 국가공무원 시험에 합격하면 중앙부처기관인 행정자치부, 재정경제부, 문화관광부, 법무부, 검찰청, 국세청, 관세청, 공정거래위원회 등에서 근무하게 됩니다. 9급 시험은 매년 5월경에 치러지고, 7급 시험은 매년 9월경에 치러집니다(자세한 일정은 '사이버국가고시 센터'에서 확인). 선발 분야는 9급의 경우 행정직·공안직·기술직이 있고, 7급의 경우 행정직·공안직·외무행정직·기술직 등이 있습니다. 5급 시험은 흔히 얘기하는 행정고시로, 시험이 어려운 만큼 실력 있는 사람이 합격하여 나중에 고위 공무원에 진출할 가능성이 높습니다.

Tip

5급 공무원 시험은 2차에 걸쳐 치릅니다. 1차 필기시험은 언어논리영역, 자료해석영역, 상황판단영역, 영어(영어능력검정시험으로 대체), 한국사(한국사능력검정시험으로 대체)입니다. 2차 시험은 필수 3~4과목 선택 1과목을 논문형으로 봅니다. 매년 시험과목이나 방법, 일정 등이 변하므로 시험을 준비하려면 사이버국가고시센터(http://www.gosi.go.kr)에 접속해 '자료실〉시험시행자료'를 확인해 보는 것이 좋습니다.

2) 지방공무원 시험

지방공무원 시험은 각 시·도(지방자치단체)별로 시행하는데, 시험 시행 시기가 일정하지 않습니다. 매년 초에 공고가 나므로 지방공무원이 되고자 한다면 공고를 자주 확인해야 합니다.

지방공무원 시험에 합격하면 해당 지역의 공무원으로 근무를 합니다. 선발 분야는 행정직·세무직·기술직 등이고, 해당 지역에 일정 거주지 제한을 두고 있는 경우가 많습니다. 보통 1년에 1~2회 공개채용 시험을 실시합니다.

3) 면접

필기시험에 합격하면 면접을 보게 됩니다. 면접은 공무원으로서의 자세, 전문지식과 응용능력, 의사표현의 정확성과 논리성, 예의·품행 및 성실성, 창의력·의지력 및 발전 가능성 등을 살피기 위해서 치릅니다.

공무원시험의 면접은 2005년부터 무자료 방식이 도입되었습니다. 응시자의 출신학교, 경력, 필기시험 성적 등을 사전에 제공하지 않는 것입니다. 오로지 면접시험 평가결과에 의해서만 당락을 결정짓기 위해서입니다.

4) 실기시험(체력검사)

일반 행정직과 기술직에 대해서는 사전에 신체검사가 없고 최종합격 이후 임용 전에 지정한 병의원에서 받은 신체검사 결과를 제출하면 됩니다.

이에 비해 교정직(교정) 및 철도경찰직(철도경찰)의 6급 이하 채용시험의 경우, 필기시험 합격자를 대상으로 실기시험(체력검사)을 실시하고, 실기시험 합격자에 한하여 면접시험을 실시합니다.

4 공무원 시험 응시 자격

공무원 시험에는 경찰직 등 일부 분야를 제외하고는 응시 자격에 학력, 경력, 성별 등의 제한이 없습니다.

1) 응시 연령

일반직 공무원의 경우 7급 이상은 20세 이상이고, 8급 이하는 18세 이상입니다. 단 8급 이하의 경우라도 교정 · 보호 관련 공무원은 20세 이상입니다. 기능직 공무원은 18세 이상이면 가능합니다.

2) 거주 제한

지방공무원 시험의 경우 지역별로 구분 모집하는 시험은 시험 시행 계획 공고일 현재 해당 지역에 주민등록이 되어 있어야 응시할 수 있습니다. 다만 서울 · 인천 · 경기 지역은 주민등록지와 관계없이 응시할 수 있습니다.

3) 결격 사유

어느 채용 시험이나 결격 사유를 두고 있지만 국가에 속해 나랏일을 하는 공무원의 경우 더 철저한 결격 사유를 적용하고 있습니다. 공무원의 결격 사유는 다음과 같습니다.

국가공무원법 제33조	– 금치산자 또는 한정치산자 – 파산선고를 받고 복권되지 아니한 자 – 금고 이상의 실형을 선고받고 그 집행이 종료되거나 집행을 받지 아니하기로 확정된 후 5년이 지나지 아니한 자 – 금고 이상을 선고받고 그 집행유예 기간이 끝난 날부터 2년이 지나지 아니한 자 – 금고 이상의 형의 선고유예를 받은 경우에 그 선고유예 기간 중에 있는 자 – 법원의 판결 또는 다른 법률에 의하여 자격이 상실되거나 정지된 자 – 공무원으로 재직기간 중 직무와 관련하여 「형법」 제355조 및 제356조에 규정된 죄를 범한 자로서 300만 원 이상의 벌금형을 선고받고 그 형이 확정된 후 2년이 지나지 아니한 자 – 징계로 파면처분을 받은 때부터 5년이 지나지 아니한 자 – 징계로 해임처분을 받은 때부터 3년이 지나지 아니한 자
외무공무원법 제9조 제2항 (외무공무원)	– 국가공무원법 제33조 각 호의 어느 하나에 해당하는 자 – 대한민국 국적을 가지지 아니한 자
검찰청법 제50조 제3항 (검찰청 직원)	– 국가공무원법 제33조 각 호의 어느 하나에 해당하는 자 – 금고 이상의 형을 선고 받은 자

5 공무원의 직급

일반직 공무원의 직급은 1급에서 9급까지 9등급으로 나눠져 있습니다. 크게 보면 5급 이상, 6·7급, 8·9급 이렇게 3단계로 나눌 수 있습니다. 이에 따라 신규 임용은 9급, 7급, 5급으로 채용방법이 세분화되어 있습니다.

9급 공무원은 직급체계상 최하위 공무원입니다. 주로 사무보조 일을 맡고 2~3년이 지나면 8급으로 승진이 가능합니다. 8급 공무원은 가장 서러움을 많이 받는 직급입니다. 상사인 7급에게 시달리고 자신보다 아래인 9급은 미숙하기 때문에 스스로 능숙하게 업무를 처리해야만 하는 위치입니다. 개인의 능력에 따라 다르겠지만 9급에서 출발했을 경우 별다른 문제가 없는 한 6급에서 퇴직할 수 있습니다. 9급에서 출발해서 5급으로 퇴직하면 공직생활을 잘 했다고 할 수 있습니다.

7급은 주로 30~40대가 포진하고 있으며 6급을 보좌하는 역할을 합니다. 7급은 별도의 공채 시험이 있으나 채용 인원은 9급에 비해 극히 적습니다. 이외에 일반직과 별도의 체계를 갖는 특정직 공무원인 경찰, 소방, 군인, 초중등 교원은 7급에 준하는 대우를 받습니다.

사법시험이나 5급 공채시험, 즉 행정고시에 합격하면 5급부터 공무원 생활을 시작합니다. 5급 공무원은 사무관이라는 호칭과 함께 고급공무원으로 여겨집니다. 5급 공무원에서 4급 공무원이 되려면 6년에서 10년의 시간이 소요됩니다.

3급 이상은 '고위공무원단'이라 불립니다. 고위공무원단에는 부이사관(3급), 이사관(2급), 관리관(1급), 차관보가 있습니다.

그 위로는 대체로 선거로 뽑히거나 국회의 동의에 의해 임명되는 정무직 공무원입니다. 차관, 장관, 부총리, 국무총리, 대통령이 여기에 속합니다.

공무원 직급 체계							
직급	행정부	지자체	입법부	사법부	검찰	경찰	군인
국가원수	대통령						
총리급	국무총리		국회의장	대법원장 헌법재판소장			
장관급	장관 국정원장	서울시장	국회의원 국회사무처장	대법관 헌법재판관	검찰총장		
차관급	차관청장	도지사 광역시장 서울부시장	국회의원	고등법원장 사법연수원장	고검장	치안총감 (경찰청장)	대장
준차관급	차관보			지방법원장	지검장 (검사장)		중장
1급 (관리관)	실장	도 부지사 광역부시장 시장(大)		부장판사 (고법수석)	차장검사	치안정감 (경찰청 차장)	준장/소장
2급 (이사관)	국장	도 실장 시장(中)		부장판사 (고등법원)	부장검사	치안감	대령
3급 (부이사관)	과장 세무서장	도 국장 군수		부장판사 (지방법원)	부부장검사	경무관	중령
4급 (서기관)	고참계장	도 과장 부군수 구청장	국회의원 보좌관	판사 (지방법원)	검사	총경 (경찰서장)	소령
5급 (사무관)	계장	도 계장 시 과장 동(면)장	국회의원 비서관	사법연수원생		경정	대위
6급 (주무관)	주무관	도 차관 시 계장	국회의원 비서			경감	중위
7급 (주사보)	실무자	실무자	국회의원 비서			경위/경사	소위/준위
8급 (서기)	실무자	실무자				경장	상사/중사
9급 (서기보)	업무보조	업무보조	국회의원 비서			순경	하사

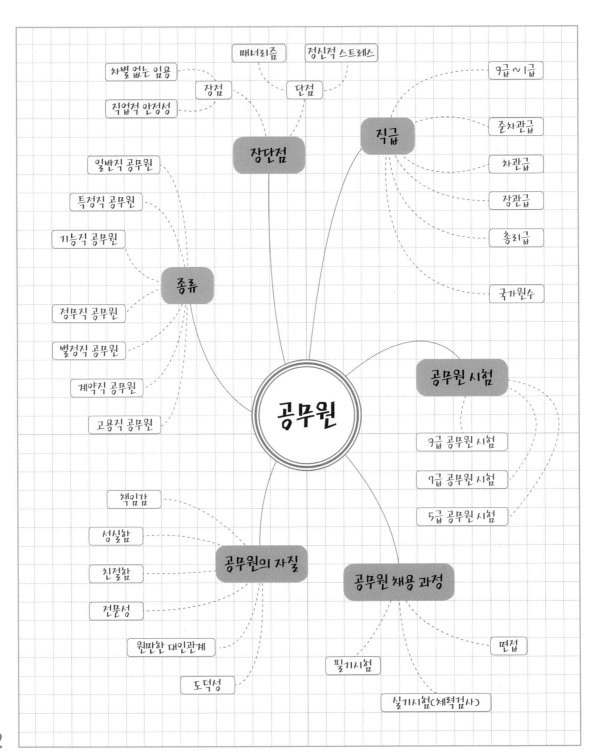

차별 없는 임용
장점
매너리즘
정신적 스트레스
단점
직업적 안정성

직급
9급 ~ 1급
준차관급
차관급
장관급
총리급
국가원수

장단점

일반직 공무원
특정직 공무원
기능직 공무원
종류
정무직 공무원
별정직 공무원
계약직 공무원
고용직 공무원

공무원

공무원 시험
9급 공무원 시험
7급 공무원 시험
5급 공무원 시험

책임감
성실함
친절함
공무원의 자질
전문성
원만한 대인관계
도덕성

공무원 채용 과정
면접
필기시험
실기시험(체력검사)

09 공무원과 관련하여 도움 받을 곳

1 직업 정보를 얻을 수 있는 기관

● 사이버국가고시센터(http://www.gosi.go.kr) 공무원 시험을 보는 사람들이 직접 원서를 접수하고 합격 및 성적을 조회할 수 있는 사이트입니다. 채용 시험의 최근 소식과 중요한 공지사항도 확인할 수 있습니다. 사이트에 접속하면 팝업창으로 가까운 시일 내에 있을 시험 공고문 등이 뜨기 때문에 수험생들은 수시로 확인해야 합니다.

● 한국교육지원센터(http://www.edudanawa.com) 한국교육지원센터는 보다 향상된 교육이 이루어질 수 있도록 지원하는 곳입니다. 국민들의 자기계발 또는 보다 나은 삶을 영위하기 위한 교육관련 콘텐츠를 지원하기 위해 설립되었으며, 교육 서비스에 대한 비교분석 및 정보를 얻을 수 있습니다. 센터 사이트에 들어가면 다양한 종류의 공무원을 소개하고 있으며, 시험 공고나 합격자 공고 등을 확인할 수 있습니다.

● 국가고시 정보지원센터(http://www.dball.co.kr) 국내 최대 공무원 시험에 대해 무료로 정보를 제공해주는 사이트입니다. 다양한 직렬의 공무원에 대해 채용시험 일정, 시험 예상 문제 등을 제공해 줍니다. 공무원뿐만 아니라 유망 자격증, 검정고시에 대한 자료도 무료로 제공해 줍니다.

83

●공무원 시험 준비생들을 위한 카페 인터넷에는 공무원 시험 준비를 하는 사람들을 위한 카페가 많이 개설되어 있습니다. 이런 카페에 가입하면 시험 일정에 대한 정보, 공부하는 노하우, 기출 문제 등 많은 정보를 제공받을 수 있습니다.

7공9공 – 예비 공무원들의 모임 (cafe.naver.com/kkaebangjeong)

9꿈사 – 공무원을 꿈꾸는 사람들 모임 (cafe.daum.net/9glade)

독공사 – 독하게 공무원 준비하는 사람들 모임 (cafe.naver.com/m2school)

경시모 – 경찰공무원 시험을 준비하는 모임 (cafe.naver.com/polstudy)

소방공무원을 사랑하는 모임 (cafe.daum.net/im119)

맨살모임 – 보건직 공무원을 준비하는 모임 (cafe.naver.com/05425)

2 직업 체험 프로그램

소방서, 경찰서, 각 지방자치단체 등에서는 수시로 중고등 학생들을 위한 공무원 직업 체험을 실시하고 있습니다. 하지만 공무원 체험을 하는 곳이 산발적인데다 정기적이지 않기 때문에 가장 손쉽게 검색할 수 있는 방법은 최신 뉴스를 찾아보는 것입니다. 혹은 체험하고 싶은 부처의 사이트를 확인해 보는 것도 좋습니다.

●서초구 진로직업체험 지원센터(☎070-7204-2012) 현재 '행정 공무원 체험' 프로그램을 운영 중입니다. 초등학교 5학년부터 고등학교 3학년까지 신청 가능합니다. 행정공무원이 일하는 일터를 방문하여 직업인과 만나고, 공무원이 하는 일, 되는 법 등에 대해 이야기 나누고 현직 공무원 멘토와의 인터뷰를 통해 공무원이라는 직업에 대해 한 걸음 다가갈 수 있습니다.

●중학생 '미래소방관 체험교실' 소방방재청은 정부의 교육부에서 9개 부·처·청과 공동으로 자유학기제 인프라 구축을 위한 업무협약을 체결하고 '꿈과 끼를 살리는 행복교육'의 실현을 위한 중학교 자유학기제 운영에 동참하고 있습니다. 이를 위하여 소방방재청에서는 타인의 안

전을 존중하고 배려할 수 있는 건강한 청소년으로 육성하기 위해 '미래 소방관 체험교실'을 운영하고 있습니다. 이 체험에 참여한 청소년들은 화재진압을 비롯해 인명구조, 응급처치 등 직·간접적인 소방관 직업 체험을 시켜 개개인의 안전 확보를 배울 수 있습니다. 또한 소방방재청 에서는 소방체험관 4개소, 소방체험교실 47개소, 소방서 56개소, 체험 차량 24대 등을 활용하고, 소방관서에 전용면적 100㎡의 실습 및 체험 장을 설치, 운영하고 있습니다.

● 미래 외교관 양성학교(http://
diplomaticarchives.mofa.go.kr/
dev/school.do) 외교사료관에서
운영중인 '외교관학교'는 매 기
수 모집이 이뤄질 때마다 서버가
다운될 정도로 인기가 높습니다.
외교사 강의와 외교관과의 대화
등 4주차 프로그램으로 구성된
외교관학교는 초등부(오전)와 중
등부(오후)로 나뉘어 진행됩니다.

역사기행 전문강사와 현직 외교관이 강사로 나서며, 한국 외교사에 대한 강의와 전시실 관람 해설, 다양한 체험학습이 이뤄집니다. 4주 모두 출석 시 수료증을 발급해 줍니다.

85

10 유명한 공무원

1 정약용(1762~1836)

1972년 경기도 광주에서 태어나 스물세 살에 진사시험에 합격하고 스물여덟 살에 문과에 급제하면서 공직자의 삶을 시작했습니다. 성균관에서 공부할 때에 정조의 따뜻한 보살핌을 받았으며, 벼슬길에 올라서도 항상 정조의 두터운 신임을 받았습니다.

1797년 곡산 군수로 부임하여 재판을 공정하게 하고 조세를 바르게 거두어 백성들의 신망을 얻었습니다. 이때의 경험을 통해 정약용은 도탄에 빠진 백성들의 생활과 관리들의 부정과 무능력을 직접 보고 들으며 백성과 나라를 구하는 학문을 하겠다는 결심을 더욱 굳게 하였습니다. 천연두가 유행하자 그 치료법을 적은 〈마과회통〉을 펴내어 보급했고, 〈사기찬주〉와 같은 저서를 남기기도 했습니다. 또 종두법의 실시와 그 경험을 바탕으로 〈종두심법요지〉를 저술했고, 각종 약초의 명칭, 효능, 산지, 형태 등을 조사 검토하여 생물학적인 연구 성과를 내기도 했습니다. 이러한 기초 과학에 대한 관심은 구체적인 실생활에 도움이 되는 기술개발로 연결되어 농기계, 관개시설 및 도량형기를 발명하고 정비했습니다. 이처럼 기술과 의학을 깊이 연구해 농민들의 삶을 풍족하게 하고자 했습니다.

정약용의 대표적인 업적으로는 1792년 31세에 영의정 채제공의 천거로 수원성을 쌓는 일을 맡은 것입니다. 우리나라 처음으로 유형거와 거중기를 사용하여 훌륭하고 튼튼한 성을 완성하였습니다. 이 방법은 이전보다 비용도 적게 들고, 인원도 적게 동원되고, 기간도 단축되었습니다. 덕분의 백성들의 노고를 훨씬 덜 수 있었습니다. 1794년에는 경기도 암행어사가 되어 탐관오리인 연천 현감 서용보를 파면시키기도 했습니다.

공직자로서 혁혁한 공을 세웠던 정약용에게 정조가 죽고 순조가 즉위하면서 위기가 찾아왔습니다. 1801년 천주교 박해 때 탄압을 받은 정약용은 강진으로 유배를 떠납니다. 강진 유배기는 정약용에게 관료로서는 암흑기였지만 학자로서는 매우 알찬 시간이었습니다. 유배 기간 동안 백성을 다스리는 관리들이 지켜야 할 도리를 제시하고 부정부패를 제거하기 위해 〈목민심서〉를 저술했습니다. 또 〈경세유표〉를 통해 국가와 사회의 전반적인 개혁을 위한 원칙을 제시했고, 〈흠흠신서〉를 통해 죄인을 다스리는 형벌에 억울한 피해자가 없도록 지방관의 의식과 행동에 관한 지침을 제시하기도 했습니다.

공직자의 길을 떠나서도 나라와 백성을 염려하고 학문을 멈추지 않은 다산 정약용은 우리 시대 공무원의 롤 모델이 아닐 수 없습니다.

2 최중락(1929~)

경찰공무원인 최중락 전 총경은 지난 1950년 순경으로 경찰관 생활을 시작, 1990년 경찰청형사지도관(총경)으로 정년 퇴임할 때까지 40년 동안 수사관의 길을 걸었습니다.

그가 경찰관으로 근무하면서 잡아들인 범죄자만 1,300여 명에 이르고, 그의 손을 거친 시신만 2,600구가 넘습니다. 한국의 형사 콜롬보 또는 셜록 홈스로 불리는 최중락 전 총경은 1970~1980년대 최고의 인기를 누렸던 MBC 드라마 〈수사반장〉에서 반장역을 맡은 최불암의 모델이기도 합니다. 퇴직 이후에는 최고의 민간 경비 회사인 에스원에서 일하면서 후배들에게 지식과 경험을 전수하였습니다.

3 반기문(1944~)

반기문 유엔 사무총장은 외무공무원 출신입니다. 1970년 외무고시에 합격하고 외무부(지금의 외교부)에 들어가며 외교관 생활을 시작했습니다. 서울대학교를 졸업하고 외무고시에 합격한 후 정식 외교관의 생활에 들어섰을 때, 그는 주미대사관에 발령받도록 되어 있었습니다. 그러나 당시 가난했던 그는 생활비가 비싼 미국보다는 후진국에 가서 돈을 아껴 집안에 보탬이 되겠다는 생각으로 인도 뉴델리 총영사관 근무를 지원하게 됩니다. 이후 뛰어난 업무 능력을 인정받으며 외교관으로 승승

장구하게 됩니다. 2004년 제33대 외교통상부 장관에 오르고, 2006년 10월 192개 유엔 회원국의 만장일치로 제8대 유엔 사무총장으로 공식 선출되었습니다.

2011년 사무총장 재선 때는 유엔의 한계를 지적하는 언론과 강력한 카리스마 부족을 문제 삼는 사람들에게 부딪혀 고전할 것이라 예상되기도 했습니다. 하지만 아이티, 미얀마, 파키스탄의 자연재해 참사, 칠레 광산붕괴 등 현장에 가장 먼저 도착해 국제사회에 도움을 요청하는 등 적극적인 리더십을 발휘해 여론을 반전시켰습니다. 그리하여 2011년 인류평화를 위해 노력한 점을 인정받아 이례적으로 15개 상임이사국과 유엔 전 회원국을 대표하는 5개 지역그룹 의장의 연임 추천을 받아 유엔 192개국 회원국 만장일치로 유엔 사무총장에 재선되었습니다.

반기문 총장은 세계 각지의 군사문제와 환경을 이끄는 역사상 가장 능동적인 유엔 사무총장이라는 평가를 받고 있습니다. 이 밖에도 시리아 화학무기 제거, 유엔 개혁, 보호책임, 소수자 권익 보호 등 다양한 업적을 쌓았습니다. 이런 공로를 인정받아 2014년에는 노벨평화상 후보로 거론되기도 했습니다.

11 생활 속 친근한 공무원들

1 읍·면·동사무소 공무원

지역의 읍·면·동사무소에서 일하는 공무원들은 행정공무원 중 주민들과 가장 친숙한 공무원들로, 주민들의 일상생활과 밀접하게 관련된 일을 합니다. 주민들이 원하는 서류, 즉 주민등록등·초본, 호적등본, 가족관계 증명서 등의 서류를 떼어줍니다. 그리고 각종 보고서나 문서를 작성하여 상사에게 보고하며, 민원이 들어오면 해결해 주고,

주민들이 잘 모르는 것을 알려 주기도 합니다.

이들 읍·면·동사무소 공무원들에게 필요한 자질은 행정에 대한 지식과 적용 능력, 의사표현 능력 등입니다. 그리고 무엇보다도 주민들에게 친절하고 상냥해야 하며, 책임감과 봉사정신도 필요합니다.

2 경찰

경찰은 우리 사회의 법과 질서를 유지하고, 법을 어기는 사람들로부터 시민들의 생명과 재산을 보호하며, 법률을 위반한 사람들을 체포하는 일을 합니다. 경찰관은 대부분 제복을 입고 무기를 지니고 있으며, 하는 일이 위험해서 주로 동료들과 함께 움직입니다.

특히 동네에 있는 작은 규모의 경찰서인 지구대는 주민들의 생활과 매우 밀접한 관련이 있습니다. 싸움이 났을 때 신고를 받고 출동하는 순찰차는 바로 지구대에서 나옵니다. 지구대보다 작은 곳을 파출소라 하고, 낮에만 민원을 접수하는 치안센터도 있습니다. 경찰관으로 채용되면 처음 일정 기간은 일선 지구대에 배치되어 현장 근무를 하며, 이후 본인의 희망이나 적성에 따라 수사, 형사, 보안, 교통, 경비, 정보, 전산·통신 등의 전문 분야에서 일할 수 있습니다.

경찰관이 되는 방법은 두 가지가 있습니다. 먼저, 경찰공무원 채용시험에 합격하면 9급 공무원인 순경이 될 수 있습니다. 이 시험은 경찰이 알아야 하는 갖가지 법과 지식을 테스트하며, 몸도 튼튼해야 하니까 달리기 같은 체력 테스트도 봅니다. 반드시 대학을 나올 필요는 없지만 경찰행정학과 등을 졸업한 후 시험을 준비하면 좀 더 유리합니다.

다음은 곧바로 경찰간부로 일을 시작하는 경우인데, 경찰대학을 나오거나 경찰간부후보생 선발시험에 합격하면 됩니다. 경찰대학을 졸업하면 바로 경위로 임용되어 경찰 업무를 시작할 수 있지만 경찰대학 입시 경쟁률이 매우 높기 때문에 중·고등학교 때 공부를 열심히 해야 들어갈 수

있습니다. 경찰간부시험에 합격하면 경찰종합학교에서 1년간 교육을 받은 다음 경위로 임용됩니다.

3 소방관

주택이나 공장, 산에 불이 났을 때 화재 현장으로 달려가 불을 끄거나 다른 건물로 불이 옮겨 붙지 않도록 화재를 진압하고 사람들을 구합니다. 또한 태풍이나 홍수, 건물이 무너지거나 가스 폭발과 같은 위험하고 긴급한 상황에서 구조, 구급, 봉사 활동을 하며, 시민들의 안전과 재산 보호를 위해 힘씁니다. 소방관의 업무 중에는 119 구조 업무도 포함되어 있는데, 119 구조대는 환자를 병원에 옮겨야 하는 등 위급한 상황이 발생했을 때 달려와 도와줍니다. 그 밖에도 눈이 많이 내리면 소방차를 이용해 도로의 눈을 치워 주고, 물이 부족한 지역에 급수를 지원해 주는 등 봉사 활동을 합니다.

화재나 사고는 예방이 더욱 중요하므로 소방관은 사람들에게 화재나 안전사고에 대한 교육을 하는 등 평소에도 화재 예방 활동을 합니다. 그리고 학교, 병원, 건축물의 소방 시설을 점검하고, 새로운 건물이 지어졌을 때는 소방시설이 제대로 갖춰질 수 있도록 도움을 줍니다. 주유소처럼 화재의 위험이 큰 곳은 직접 조사를 해서 기름 탱크와 같은 시설물의 안전을 확인합니다.

소방관은 평소에 인명 구조에 필요한 교육과 훈련을 받으며, 위험하고 어려운 상황에서 사람들을 안전하게 구조할 수 있는 체력을 만들기 위해 틈틈이 체력 단련 훈련을 합니다. 그리고 소방차와 소방 기구, 소 방복을 점검하고, 압박 붕대나 진통제, 파스와 같은 응급처치 물품도 미리미리 챙겨 둡니다. 소방관은 화재나 가스 폭발, 무너진 건물 등 생명을 위협하는 위험한 곳에서 일하기 때문에 항상 긴장 속에서 작업을 합니다. 화재는 주로 사람들이 잠든 새벽이나 밤 시간에 발생하므로 한밤중에 출동하여 밤샘 작업을 하는 경우도 많습니다. 특히 산불이 났을 때는 며칠씩 불이 꺼지지 않아 고생을 하기도 합니다.

소방관이라는 직업은 불 속에서 사람들을 구하고 화재를 진압하는 과정에서 화상을 입거나 다치는 경우도 있으므로 사명감과 희생정신이 없으면 쉽지 않은 일입니다. 그럼에도 불구하고 다른 사람을 위험에서 구하고, 사고로부터 지켜주는 일을 하다 보면 그 어떤 직업보다도 보람과 뿌듯함을 느낄 수 있는 직업입니다.

소방관이 되려면 소방직공무원 채용시험이나 소방간부후보생 선발시험에 합격해야 합니다. 소방관 시험에 합격하려면 건강하고 튼튼한 체력은 기본이고 질병이 없어야 합니다. 또 안경을 벗은 시력이 0.3 이상이어야 합니다.

4 환경미화원

환경미화원은 사람들이 다니는 거리, 공원, 상가 등 공공장소를 청소하고, 각 가정에서 내놓은 쓰레기들을 치우는 일을 합니다. 매일 새벽에 관할구역 내의 공공장소나 거리에 있는 폐기물을 빗자루와 운반차량을 이용하여 청소하고, 일정 구역을 돌면서 상가나 주택가의 쓰레기를 수거합니다.

수거한 쓰레기들은 쓰레기 임시집하소로 옮기고, 수거한 쓰레기 중에서 재활용품을 구분, 분류합니다. 재활용품은 별도의 수거차량에 싣고 재활용센터, 재활공장으로 운반하며, 음식물 쓰레기와 폐기되어야 할 쓰레기는 소각장이나 매립장으로 운반합니다. 이처럼 환경미화원들은 사람들 눈에 띄지 않는 새벽이나 한밤중에 묵묵히 일하는 고마운 분들입니다.

각 시·도나 구청에 청소과가 설치되어 있으며, 거리환경미화원의 경우는 이곳에서 관장합니다. 구청에 소속된 거리환경미화원의 법정 1주간 근로시간은 44시간을 원칙으로 하며, 1일의 근로시간은 8시간을 원칙으로 합니다.

환경미화원이 되는 데 요구되는 특별한 자격 및 학력, 나이 등의 조건은 없습니다. 각 구청마다 조금씩 다르지만 대개 만 20세 이상의 신체건강한 사람(병역필 또는 면제자)이면 됩니다. 각 지방자치단체에서 자체적으로 채용하는 환경미화원은 체력시험과 필기시험, 면접 등을 거쳐 선발됩니다.

환경미화원은 무엇보다 체력이 튼튼해야 합니다. 사람들이 자는 새벽이나 한밤중에 일을 하는 경우가 많기 때문에 체력적인 소모가 많습니다. 그리고 대형 트럭에 쓰레기를 싣는 작업을 해야 하므로 1종 운전면허증이 있으면 좋습니다. 또한 쓰레기를 깨끗하게 처리해야 하기 때문에 꼼꼼하고 성실한 사람이 어울립니다. 그리고 공중위생에 대한 인식이 확실하고, 아울러 도시미화에 일익을 담당하고 있다는 직업적 자부심과 사명감이 필요합니다.

12 이 직업을 가진 사람에게 듣는다

행정공무원 **안윤경** | 부천시청 여성청소년과 팀장

"시민들에게 혜택이 돌아가는 것을 볼 때가 가장 기뻐요."
30년 동안 공직에서 시민들의 손과 발이 되어 봉사한
안윤경 팀장이 말하는 '대한민국 공무원의 자격'

Q1 **공무원을 직업으로 선택하게 된 배경을**
말씀해 주세요.

아버지의 직업 때문에 경기도 이천에서 학창시절을 보냈습니다. 1남4녀의 장녀였는데 얌전하고 수줍음이 많은 성격이었습니다. 공부도 열심히 하고 비교적 성실한 편이었습니다. 고등학교를 졸업하고 취직을 위해서 종로에 있는 텔렉스 학원을 다녔습니다. 텔렉스 학원은 무역회사에서 필요한 팩스나 타자 등을 배우는 곳인데, 학원에서 6개월 정도 배우고 자격증 취득 시험을 봤지만 떨어져서 집에 와 있었습니다. 지금 생각해 보면 시대가 빠르게 변했기 때문에 시험에 붙었더라도 오랫동안 일하지는 못했을 것 같습니다. 집에 돌아와서 생활하는데, 이천군청에 다녀오신 아버지가 공무원을 뽑는다고 시험을 보라고 말씀하셨습니다. 아버지를 통해서 서류를 준비하고 갑작스럽게 시험을 봤는데 합격했습니다. 운이 좋기도 하지만 어려운 일이기도 했습니다. 지금은 남녀 구분 없이 뽑아서 여성 공무원이 더 많지만, 그때는 전체에서 여성은 1퍼센트 정도만 뽑을 때였거든요. 대학은 공무원이 되고 나서 다녔습니다.

Q2 공직과 일반 회사의 가장 큰 차이점은 무엇일까요?

지금은 공무원을 단순히 하나의 직업으로 생각하고 선택하는 경우가 많은데, 제가 들어갈 때만 해도 공무원은 시민에 대한 무한봉사와 투철한 국가관을 강조하는 시대였습니다. 저는 별다른 생각 없이 들어왔지만, 공무원이 되고 나서 교육을 받고 공직은 시민의 손과 발이 되어 봉사하는 직업이라는 개념을 갖게 되었습니다.

기업은 기업의 성장과 이윤 추구를 목적으로 하고, 그 안에서 자신의 역할을 못하면 퇴출될 수 있는 곳이지요. 반면에 공무원은(현재는 좀 다를 수 있지만) 기업체에 비해 안정된 직업이지만, 시민들의 입장에서 생각하고 시민을 친절히 대하고 봉사해야 하는 곳입니다. 기업은 이윤추구 개념이 강하지만, 공직은 법과 윤리의 개념이 강합니다. 기업은 이윤이 날 때만 소비자들에게 잘해 주지만, 공무원은 손해를 봐도 법에 맞고 윤리에 맞으면 계속해야 합니다. 철저히 시민의 입장에서, 시민을 위한 계획이 추진되는 곳이 공직입니다.

승진의 경우에도 일반 직장과는 다릅니다. 능력이 탁월해도 먼저 승진하는 데는 한계가 있습니다. 물론 성과가 있는 직원을 대우해 주기는 하지만 일반 직장과는 달리 모든 사람이 인정해 주는 성과를 찾기는 힘듭니다. 대외적으로 상을 받거나 진짜 탁월한 행정을 보인 경우를 제외하고는 거의 없습니다. 그래서 승진의 가장 기본이 되는 것은 근무 경력입니다. 부서장들이 점수를 주고, 일 년에 계획한 일들을 얼마나 수행했는지 등을 종합해서 승진이 이루어집니다.

공직에서는 일반 회사처럼 부서별 경쟁이 거의 없습니다. 그리고 공무원은 여성의 숫자가 많습니다. 젊은 공무원들 중에서는 반 이상이 여성입니다. 양성평등을 위해서 여성을 조금 뽑아야 한다는 말이 나올 정도로 여성의 숫자가 많습니다.

Q3 예전과 비교하여 공무원 사회나 업무 등은 어떻게 달라졌나요?

예전보다 시민들의 수준이 높아지고, 서비스에 대한 기대도 높아졌습니다. 시대의 변화와 시민의 요구에 부응하는 서비스를 위해 정책이 계속해서 바뀌고 있고, 업무도 다양해졌습니다. 그래서 공무원들은 공부도 많이 하고, 노력도 많이 해야 합니다. 또 예전처럼 단순히 친절한 것만으로는 시민들을 만족시킬 수 없습니다. 신속, 정확하면서 동시에 양질의 서비스를 제공해야 합니다.

요즘은 민원의 방법도 다양해졌습니다. 예

전에는 시청에 와서 담당자를 직접 만나서 민원을 제기했다면, 요즘은 SNS로 바로 올리거나 전화를 하는 사람들이 많아서 민원에 답변하는 것도 힘듭니다. 그래서 민원 담당 부서가 따로 있습니다. 부천시청은 시민들의 민원 편리를 위해 콜센터를 운영하고 있습니다.

지방자치제도가 도입되면서 달라진 점도 많습니다. 지방자치단체의장에 따라 차이가 있지만 시민과의 공약도 지켜야 하고 임기 내에 처리해야 할 사업도 많습니다. 정해진 기간 안에 추진하는 사업을 따라야 하는 입장에서는 약간 부담이 될 때도 있습니다.

Q4 현재 근무하는 여성청소년과에서는 어떤 일을 하는지 궁금합니다.

시청 안에도 회사처럼 많은 부서가 있는데, 부천시청에는 모두 75개의 부서가 있습니다. 원래 기본조직은 있지만 시대의 흐름에 따라 새로운 조직이 생겨나기도 하고, 없어지기도 합니다. 예를 들어 옛날에는 먹고살기 바빠서 문화에 관련된 부서가 없었지만, 최근에는 문화산업과 문화예술 등에 관련된 많은 부서가 생겨나고 있습니다. 조직개편도 1년에 한 번만 하는 것이 아니라 수시로 계속 이루어질 때가 많습니다. 시대의 흐름에 따라 부서 이름이 바뀌는 경우도 있습니다.

제가 일하는 여성청소년과는 여성, 가족, 다문화, 청소년 복지에 관한 정책들을 다루는 일을 합니다. 예전에는 여성의 사회참여에 관한 일이 주요 업무였는데, 지금은 양성평등을 실현하는 사업들을 하고 있습니다. 고학력 여성 중에서 결혼과 동시에 직장을 떠나 전업주부가 되는 경우가 많은데 이들 경력단절 여성들이 일과 가정을 병행하는 시스템 마련 등 일자리 창출을 위해 노력하고 있습니다.

이런 일들을 위해 여성청소년과는 정책을 마련하고, 여성인력개발센터나 여성회관 등 교육시설에서 실행하는 일들을 합니다. 시청이 직접 사업에 참여하기도 하지만, 대개의 경우는 전문기관에 위탁하여 사업비를 주고 있고, 대신 위탁기관에 대한 지도 점검 및 교육을 하고 있습니다.

Q5 공무원은 정기적으로 부서를 옮기는데 장단점은 무엇일까요?

공무원으로 채용되면 처음엔 동 주민센터에서 일을 합니다. 그러다가 구청으로 발령이 나서 일하다가 그 후엔 시청에서 일하고, 승진하면 다시 동 주민센터로 가고 합니다. 저는 2009년에 6급으로 승진해서 시청으로 발령받았는데, 그 사이 부서가 여러 번 바뀌었습니다. 처음에는 도시디자인과에서 일했고, 그 다음에는 콜센터 팀장으로, 다음은 홍보실 뉴미디어팀장으로 일하고, 기업마케팅팀에서도 일했습니다.

저는 부서를 옮기면서 다양한 업무를 접하는 것이 좋습니다. 전문성이나 업무 수준이 탁월하게 높아지는 것은 어렵지만, 부서를 옮겨 다니면서 새로운 것을 많이 배울 수 있습니다. 무엇보다 새로운 일을 맡으면 열심히 하겠다는 새로운 다짐과 함께 일에 대한 긴장감을 가질 수 있어 좋습니다.

95

다만 새로운 업무 습득을 위한 시간과 이를 받쳐주는 제도가 부족한 것은 좀 아쉽습니다. 보통 일주일 전에 인사 발령이 나므로 인수인계한 다음에 바로 업무를 시작해야 합니다. 새로운 일에 관련된 법과 조례는 찾아보지만 부족하기 때문에 스스로 공부해야 합니다. 많은 공무원들이 인재개발원이나 사이버 교육을 통해 스스로 공부하고 있습니다. 자신의 실무와 연결된 것이 아닐 수도 있지만, 다양한 교육들이 많기 때문에 관련된 강의를 찾아봅니다.

Q6 담당 업무가 계속 바뀌는데, 자신의 전문성을 갖기 위해 어떤 노력을 하고 있나요?

지금의 부서에 있기 전에는 기업마케팅팀에서 일했습니다. 기업마케팅팀은 부천 지역 내 1,000여 개의 기업 성장을 돕는 부서입니다. 시의 재정 확보를 위해 기업의 성장은 필수적이므로 그들이 사업하는 데 불편한 점이 없도록 하면서 국내외 마케팅을 돕기도 합니다. 기업체 중에는 오래된 베테랑도 많지만, 이제 막 기업을 시작한 사람들도 있으므로 이들을 도와주려는 노력이 더 많이 필요한 것 같습니다.

그동안 한 번도 기업 지원에 관한 업무는 맡아본 적이 없어서 생소한 분야였기 때문에 사이버 교육과 인재개발교육원의 무역과 관련된 교육을 반복해서 들었습니다. 현장에 있는 사람들과 전문가들의 이야기를 듣기 위해서도 노력했습니다.

현재의 여성청소년과에 발령 받은 지는 1년이 채 안 되기 때문에 여성기관 시설에서 오랫동안 일했던 사람들의 의견을 많이 들으려고 노력합니다. 여성청소년과의 업무도 법적인 일들이 많아서, 관련 법규도 많이 보고 있습니다. 하지만 관련법만 봐서는 이해가 잘 안 되는 부분이 있어 교육을 통해 실제 상황과 연결해 보려고 노력합니다. 그리고 책상에 앉아서만 일하는 것이 아니라 무조건 직접 부딪혀서 익히려고 애쓰고 있습니다.

Q7 공무원에 대한 가장 큰 오해는 무엇일까요?

공무원이 되면 정장을 입고 9시에 출근해서 6시에 퇴근한다고 생각하는데, 전혀 그렇지 않습니다. 동 주민센터에서 등초본 발급만 담당하는 사람들은 정시 퇴근할 수 있지만, 그 외의 공무원들은 야근을 하거나 휴일에도 출근하는 경우가 많습니다. 초과 근무를 하면 수당으로 보조해주는 시간이 정해져 있는데, 그 시간을 넘길 만큼 일을 많이 하는 공무원도 있습니다.

그리고 공무원은 책상에 앉아서만 일하는 직업이 절대 아닙니다. 공무원이 되면 처음엔 동 주민센터에서 일하는데 거리 청소도 해야 하고, 부착 광고물도 떼야 하고, 단속도 나가야 하고, 폭설이 내리면 새벽에 달려 나가 눈을 치우기도 합니다. 예전에는 큰길이나 취약지역의 눈만 치웠는데, 요즘엔 집 앞의 눈을 치워달라는 민원이 많아서 한참 눈이 많이 올 때는 염화칼슘 때문에 신발 밑창이 다 닳아버린 공무원이 있을 정도입니다. 안전사고의 일차적인 책임은 공무원에게 있기 때문에 화재 등의 사고가 나면 공무원들이 책임져야 합니다.

또 사회복지를 신청하러 온 사람들 중에 가끔 난폭한 행동을 하는 사람들도 있습니다. 요즘 자녀가 1~2명만 있는 가정에서 성장한 신규 공무원들은 이런 상황을 접하면 굉장히 힘들어 합니다. 자신이 생각한 공무원의 생활과는 달리, 잡일이나 하는 일꾼이라는 느낌에 혼란스러워하고 힘들어하다가 감당하지 못하고 퇴직하는 경우도 있습니다.

Q8 공무원이 갖춰야 할 자질은 무엇이라고 생각하세요?

공무원은 시민을 대상으로 일하는 직업이므로 사랑이 많고 마음이 따뜻한 배려 깊은 사람에게 어울리는 직업입니다. 또한 위에서 시키는 일만 하는 게 아니므로 도전정신과 열정, 기획력 등을 갖춰야 합니다. 똑같은 예산이라도 담당자가 어떻게 기획하느냐에 따라 행사나 사업의 질이 달라집니다. 이 점에 있어서는 공무원도 일반 회사 직원과 비슷하지요.

마지막으로 성격이 원만해야 합니다. 공무원은 일의 특성상 한 부서에서만 이루어지는 일도 있지만 여러 부서가 협력해서 복합적으로 일하는 경우가 많습니다. 그래서 한 사람이 특별히 뛰어나다고 해서 일이 매끄럽게 추진되지는 않습니다. 경쟁보다는 협력을 통해서 일이 이루어지므로 원만한 성격을 가지는 것이 좋습니다.

Q9 공무원이라는 직업의 장단점은 무엇일까요?

공무원이 되면 자기가 원하는 만큼 성장할 수 있는 기회가 많습니다. 내부 교육도 많고, 유명한 강사의 리더십 교육부터 일반 강사를 초빙해서 민원 친절에 관한 교육 등 다양한 강의를 들을 수 있습니다. 해외 연수의 기회도 있고, 취미생활을 할 수 있는 계기도 많습니다. 또한 본인의 노력에 따라 제자리에 머무르지 않고 계속해서 발전할 수 있는 직업입니다. 반면에 공부하기 싫어하거나 지적 호기심이 없는 사람들은 힘듭니다. 승진에 필요한 교육 시간이 정해져 있기 때문에 누구나 최소한의 공부는 해야 합니다.

그리고 부서를 옮겨 다니면서 일하다 보면, 많은 사람을 알아가는 것도 큰 매력입니다. 부천시에는 총 2,200명 정도의 공무원이 근무하는데, 저는 일하면서 수백 명을 알게 되었습니다. 작은 회사에 근무했다면 있을 수 없는 일이지요.

여성의 입장에서 공무원은 일과 가정이 양립할 수 있는 조건이 좋은 직업이기도 합니다. 요즘은 아이를 출산하면 3개월의 휴가를 낼 수 있습니다. 육아휴직이 끝난 후에도 누구의 눈치도 보지 않고 몇 년 동안 휴직을 내서 아이들을 어느 정도 키우고 돌아올 수 있습니다. 마음대로 휴직할 수 없는 일반 기업과는 많이 다르지요.

다른 곳에 비하면 남녀 차별도 거의 없습니다. 예전에는 남성과 여성에게 맡기는 업무가 현저히 달랐습니다. 여성은 민원서비스 위주의 업무를 맡겨서 능력을 개발할 수 있는 기회 자체가 없었습니다. 하지만 지금은 여성 공무원이 많아져서 차별해서 업무를 맡길 수가 없게 되었습니다. 반면에 여성 공무원이 많아지면서 동 주민센터는 많이 힘들어졌습니다. 책상에 앉아서 하는 일만 많다면 여성이 많아도 상관없는데, 힘을 쓰는 경우가 종종 있습니다. 행사가 있을 때는 의자, 책상 등의 무거운 집기도 옮겨야 하는데, 여성의 숫자가 많으면 아무래도 힘듭니다.

반면 공무원은 무슨 일을 하든지 법의 테두리를 지키고 모범을 보여야 하기 때문에 답답할 수도 있습니다. 조직에 적응하면서 일하다 보면 창의적인 생각을 할 겨를이 없습니다. 그래도 요즘 젊은 공무원들은 영특하게 잘 적응하는 것 같습니다.

또한 아직까지도 보수적인 부분이 많이 남아 있는 곳이기도 합니다. 예전에는 귀걸이나 매니큐어도 금지였고, 빨간색처럼 튀는 색깔의 옷도 입을 수 없었습니다. 지금은 많이 완화되었지만, 여전히 지나치게 파격적이거나 노출이 심한 옷은 허용되지 않습니다.

Q10 일하면서 가장 보람을 느낄 때와 힘들 때를 말씀해 주세요.

저는 지금까지 약 30여 년 동안 공무원 생활을 했습니다. 저에게 맞는 자리를 다녀서인지는 모르지만, 특별히 힘들었던 기억은 없습니다. 오히려 공무원으로 일하면서 즐거웠던 기억이 많습니다.

예전에 구청에서 주민자치팀장을 하면서 주민들과 함께, 주민들 스스로가 마을을 변화시키는 프로그램을 진행한 적이 있습니다. 그 전까지는 노력에 비해 성과가 없었던 사업인데,

주민자치위원들과 주민들이 화합이 잘되어서 함께 워크숍도 가고 시스템화 마련을 위해 노력했지요. 모두들 한마음으로 열심히 노력한 덕분에 틀이 잘 잡히고 그 이후로 성과도 내기 시작해서 굉장히 뿌듯했습니다.

또 도움이 필요한 소년소녀 가장들에게 우리가 기획한 사업을 통해 도움을 주거나 후원을 연결해줄 때가 가장 뿌듯하고 보람이 되는 순간입니다. 시민들에게 혜택이 돌아가고, 그들이 기뻐하는 모습을 볼 때 가장 보람을 느낍니다.

Q11 공무원을 꿈꾸는 청소년들이 준비해야 할 것에는 무엇이 있을까요?

국어, 영어, 수학, 국사 등의 공부도 중요하지만 평소에 책과 신문 등을 많이 읽으면서 상식을 쌓았으면 좋겠습니다. 요즘에 들어오는 젊은 공무원들은 워낙 똑똑하고 다방면으로 재주가 많더라고요. 또 성실함과 인내하는 마음을 가졌으면 좋겠습니다. 공무원이라는 직업이 마음에 들지 않더라도 그만두지 말고 큰 그림을 그리면서 견디었으면 좋겠습니다.

Q12 공무원을 꿈꾸는 청소년들에게 조언 한마디 해주세요.

모든 직업에는 다 매력이 있다고 생각합니다. 의사나 교사 등도 많은 매력이 있듯이 공무원도 아주 매력적인 직업입니다. 공무원으로 일하다 보면 일반 직업에서는 얻을 수 없는 경험을 많이 할 수 있습니다. 공무원은 시민들에게 직접적인 영향을 미치는 일을 하므로 그

에 따른 시민들의 반응도 볼 수 있습니다. 또 공무원은 지식은 물론 서비스 정신이 필요한 직업입니다. 민원인을 상대하는 직업이기 때문에 기본적으로 상대방을 배려하는 마음과 남을 안타까워하는 마음은 필수입니다. 청소년들이 특별한 지식을 배워오기보다는 심성이 따뜻한 사람이 되기를 바랍니다.

은행원
관습형

ⓒ

Computer Programmer

Public Official

TELLER(BANK CLERK)

Certified Public Accountant

Secretary

TELLER (BANK CLERK)

은행원 (관습형)

사람들이 통장을 만들거나 저축하기 위해, 또는 저축한 돈을 찾기 위해 은행을 방문하면 창구에 앉아있는 은행원이 반갑게 맞아 줍니다. 은행원의 업무는 이렇듯 고객과의 만남에서 시작됩니다. 고객들을 만나 밝고 친절한 태도로 업무를 해야 하므로 은행원이 되려면 긍정적이고 원만한 성격이 좋습니다.

01 은행원 이야기

1 은행원이란?

은행원은 은행 창구이 고객에게 통장을 만들거나 저축하는 일, 저축한 돈을 찾는 일, 다른 사람에게 돈을 보내는 일, 은행에서 돈을 빌리는 대출 등의 업무를 관리합니다. 은행원이 고객을 대할 때는 친절함이 최고의 덕목입니다. 그래서 은행원들의 태도로 해당 은행의 서비스를 평가하기도 합니다.

은행원은 많은 사람들을 상대하므로 깔끔하고 정돈된 옷차림을 갖추는 것은 기본입니다. 또한 돈과 관련된 일을 하므로 고객들에게 믿음을 줄 수 있도록 성실하고 신뢰감 있는 태도를 지녀야 합니다. 또한 은행원은 적게는 개인의 작은 돈에서부터 많게는 기업의 수백, 수천억 원의 돈을 다루기 때문에 셈에 강하고, 꼼꼼한 성격을 가져야 합니다. 작은 실수가 돌이킬 수 없는 큰 사고를 만들 수 있기 때문입니다.

그리고 은행원은 정직해야 합니다. 돈을 맡긴 고객이나 빌려간 고객 모두 최고의 이익을 얻을 수 있도록 도와주어야 합니다. 목표에 쫓겨 고객의 이익을 해칠 수도 있는 상품을 권하거나 은행의 이익이나 자신의 이익을 위한 영업을 해서는 안 됩니다. 고객의 이익을 위해 최선을 다하는 태도는 은행의 신뢰도를 높이고 이는 은행의 성장을 이뤄낼 수 있는 발판이 될 것입니다.

은행 업무는 자주 바뀌고 복잡하고 어려운 일도 많기 때문에 은행원은 자기 계발과 공부를 게을리 해서는 안 됩니다.

2 은행원의 종류

은행원은 고객이 통장을 만들거나 저축하는 일, 저축한 돈을 찾는 일, 다른 사람에게 돈을 보내는 일 등을 처리하는 것뿐만 아니라 그 밖에 다양한 일을 합니다.

은행원의 종류에는 우선 개인의 재산을 어떻게 관리해야 하는지 알

Tip

은행원의 업무는 크게 수신, 여신, 외환으로 구분됩니다. 수신 업무는 일반적인 업무를 말합니다. 즉 입출금, 적금, 신용카드 발급, 인터넷뱅킹 신청 등이 이에 해당합니다. 여신 업무는 가계 대출이나 기업 대출과 관련된 업무를 말합니다. 외환 업무는 환전이나 외환 송금과 같은 일을 말합니다.

려주고 상담해주는 개인자산관리사, 기업에게 돈을 빌려줄 때 기업의 신용을 분석하고 심사하는 여신심사사무원 등이 있습니다.

또한 금융 거래를 돕는 금융 관련 사무원들도 있습니다. 이들은 주로 기업과 일반 고객을 대상으로 대출을 해주거나 신용카드 관련 업무를 도와주고, 환전을 도와주는 등 다양한 업무를 수행합니다.

그런가 하면 기업이나 일반인들에게 돈을 빌려준 다음 빌려간 사람들에게 돈을 되돌려 받는 일을 처리하는 은행원을 여신사무원이라고 합니다. 이렇게 돈을 빌려간 다음 갚지 않거나 신용카드를 사용하고 그 대금을 납부하지 않는 사람에게 빚을 갚도록 독촉하는 역할을 하는 은행원을 신용추심원이라고 합니다.

3 은행원의 직급

은행원은 정규직으로 채용될 경우 주임, 계장, 대리, 과장, 차장, 지점장(또는 사원, 대리, 과장, 차장, 팀장 등)으로 승진할 수 있는데, 은행에 따라 약간씩 차이가 있습니다.

직급이 올라갈수록 해당 부서에 대한 의사 결정의 책임이 주어집니다. 따라서 국내는 물론 해외까지 포함하여 전체적인 돈이 어디서부터 어떻게 흘러가는지 그 흐름을 읽을 수 있어야 합니다. 그러자면 끊임없는 자기 계발을 통해 관련 지식과 안목을 키워야 합니다. 책임자의 선택에 따라 은행 전체의 운영 방향과 실적이 좌우되므로 직급이 올라갈수록 주어지는 권한만큼이나 그 책임이 막중합니다.

4 직업 전망

은행원은 전통적으로 철밥통이나 억대 고액 연봉자로 불릴 만큼 안정적이면서 임금이 높은 직장인으로 분류되어 왔습니다. 하지만 금융위기 등을 겪으며 극심한 저금리와 장기 불황의 영향으로 구조조정을 해야 하는 경우도 있어 안정적이라는 분위기는 다소 변화를 겪고 있습니다. 심지어 30~40대의 나이에 명예퇴직으로 일자리를 잃는 은행원들도 생겨나고 있습니다.

실제로 우리나라 국민의 금융서비스 이용률이 높아지면서 국내 은행의 고객 수가 1억 6,000만 명을 돌파한 반면 은행 점포와 직원 수는

Tip

은행원의 임금은 은행의 규모나 하는 업무에 따라 차이가 있지만, 대학 졸업 후 처음 받는 연봉은 평균 3,000~3,600만 원 수준입니다.

Tip

사회가 발전할수록 금융 산업이 중요하게 부각되며, 재테크에 대한 사회적 관심이 늘어납니다. 따라서 이에 대한 전문지식을 갖춘 은행원들은 그 자리를 더욱 확고히 할 수 있는 기회가 될 것입니다. 탄탄한 업무 능력에 도덕성과 성실성까지 갖춘다면 은행원으로서 성공할 수 있습니다.

매해 줄어드는 추세입니다. 앞으로 인터넷 뱅킹 확산 등에 따라 이러한 현상은 계속될 것으로 전망됩니다.

그렇다고 은행원의 전망이 어둡기만 한 것은 아닙니다. 오히려 전문적인 금융 지식을 바탕으로 세계적인 금융 흐름을 읽고, 이에 대한 판단력을 인정받는 인재들은 앞으로 더욱 주목받을 것으로 예상됩니다.

02 은행원의 종류

은행의 역할은 단순히 돈을 맡아주고 대출하는 것 외에도 신용카드를 만들어 주거나 보험을 파는 등 다양합니다. 업무가 다양해진 만큼 은행원이 하는 일도 더욱 세분화되고 있지요. 지금부터 업무 분야에 따른 은행원의 종류를 살펴보겠습니다.

1 창구 직원(은행출납원)

은행에 갔을 때 창구에 앉아 반갑게 맞아주는 은행원들입니다. 창구 직원들은 고객이 통장을 만들거나 저축하는 일, 저축한 돈을 찾는 일, 다른 사람에게 돈을 보내는 일 등을 돕습니다. 창구 직원은 고객과 가장 빈번하게 접촉하므로 늘 밝은 미소와 친절한 태도를 유지해야 합니다. 대부분 은행 서비스를 평가할 때 창구 직원들의 태도가 가장 중요시되므로, 창구 직원들은 은행 업무 외에도 고객들을 응대하는 훈련과 교육도 많이 받습니다.

2 개인자산관리사

은행에 돈을 맡긴 고객은 어떻게 하면 조금이라도 더 많은 수익을 얻을 수 있을지에 관심이 많습니다. 경제가 어려워지고 물가가 오를수록 여기에 대한 관심은 더욱 높아집니다. 개인자산관리사는 이러한 고객들의 요구에 부응하여 어떻게 투자하면 자산을 더 많이 불릴 수 있을지에 대해 상담하고 조언하는 일을 합니다. 영어로는 프라이빗 뱅커(Private Banker)라고 합니다.

개인자산관리사는 먼저 자산 관리가 필요한 고객의 재무 상태를 파악한 다음 각종 금융상품·주식·부동산 등의 투자대상을 추천하고, 수익률과 만기시점을 알려주며, 수익을 달성할 수 있도록 계획을 수립

> **Tip**
> 개인자산관리사의 업무가 과거에는 많은 돈을 맡기는 자산가들을 대상으로 이루어졌다면 요즘에는 일반 고객들로 대상이 확대되고 있습니다.

하고 실천합니다. 또한 고객들이 세금을 줄일 수 있는 절세 방법에 대해서도 상담하고 조언합니다. 즉, 고객이 재산을 늘릴 수 있도록 다각도의 도움을 제공합니다.

또한 고객의 특성에 맞는 자산 관리 방법을 개발하는 것도 이들의 몫입니다. 이를 위해 새로운 금융상품이나 투자처를 계속 연구해야 합니다. 세계 경제 상황은 시시각각 변화하고 정부의 경제 정책도 계속 달라집니다. 이에 따라 자산 운용의 방향이 달라져야 하는 만큼 시장 상황에 대한 예측을 통해 고객에게 정확한 정보를 제공하고 방향을 함께 의논해야 하므로 끊임없이 공부하고, 판단력과 분석력도 키워야 합니다.

3 신용카드사무원

요즘은 현금보다 신용카드를 더 자주 사용하는 사람들이 많습니다. 그래서 신용카드 회사뿐만 아니라 은행에서도 신용카드를 발급하여 관리하고 있습니다. 이를 위해 은행에서는 자체 발급 신용카드를 담당하는 신용카드사무원을 두고 있습니다. 신용카드사무원은 사람들이 자신들이 발행한 카드를 사용할 수 있도록 새로운 서비스 혹은 이벤트를 만드는 일을 합니다.

또한 카드를 사용할 수 있는 가맹점을 확보하는 한편, 가맹점을 관리하여 더욱 편리하게 카드를 사용할 수 있는 여건을 조성합니다. 영화관에서 신용카드를 통해 영화예매 할인을 받도록 하는 서비스 등 신용카드와 연계한 제휴 업체를 발굴하여 혜택을 제공하는 일도 신용카드사무원을 통해 이루어집니다.

이렇게 다양한 소비활동에서 카드를 활용하다 보면 결제 대금을 제때 지불하지 못해 연체되거나 한도 초과가 발생하게 되는데, 이러한 고객들로부터 이용 대금을 회수하는 업무도 이들이 담당하고 있습니다.

4 여신심사사무원

은행의 업무 중 특히 중요한 것은 돈이 필요한 사람들에게 알맞은 규모의 자금을 빌려주는 일입니다. 이렇게 돈을 빌려주는 일을 '여신'이라고 하며, 이러한 업무를 담당하는 사람을 여신심사사무원이라고 합니다. 여신심사사무원은 자금이 필요한 고객에게 돈을 빌려주기 위해 고객의 신용을 분석하고 심사를 합니다.

여신심사사무원은 개인은 물론 기업을 상대로 업무를 담당하는데, 기업의 신용을 분석하는 일이 까다롭습니다. 기업이 하고자 하는 사업의 효과를 검토하고, 탄탄한 자금력을 가진 안전한 기업인지, 아니면 불안한 기업인지에 대해 분석한 다음 돈을 빌려주는 것이 적절한지 여부를 검토합니다. 이러한 정보를 바탕으로 하여 개인이나 기업의 신용등급, 연간소득, 사업성, 재무상황, 기술적 타당성, 담보가치 및 조건, 여신취급 타당성 등을 종합적으로 분석하여 빌려줄 총 자금의 규모와 이자율을 얼마나 부과할 것인지 등에 대한 것들을 결정합니다.

돈을 빌려준 다음에는 빌려준 돈을 안전하게 돌려받을 수 있도록 개인이나 기업이 잘 돌아가고 있는지 관리합니다. 특히 기업의 경우 정기적으로 아니면 수시로 자금 사정을 파악하고, 영업력이나 기술력 등 비재무적 요소가 잘 갖춰져 있는지에 대한 평가를 실시합니다.

5 신용분석가

여신심사사무원과 비슷한 일을 하는 직업으로, 돈을 빌리고자 하는 개인이나 기업이 그만큼의 자금을 빌려줄 만한 가치가 있는 곳인지 평가하는 일을 합니다. 신용가치를 확인하기 위해서 개인 또는 법인의 금융거래를 분석하고 채권발행자의 금융 상태와 추세를 연구하여 회사채와 사채권의 신용평가를 결정하는 일을 합니다. 특히 기업의 경우 기업의 수익성·안정성·위험성·발전 가능성 등을 평가하여 기업의 신용도를 등급화하고 있으며, 정기적으로 기업들의 신용 상태 변화를 확인하고 재평가합니다. 이들은 여신심사사무원과 같은 부서에서 근무하는 경우가 많은데, 신용분석가가 기업의 신용등급을 평가하면 여신심사사무원은 그 자료를 기초로 기업의 대출 여부, 대출 조건 등을 결정하고 실행하게 됩니다.

신용분석가는 주로 은행에 입사하여 실무 경험을 거쳐 해당 분야 전문가로 육성되는 경우가 많으므로 어느 정도의 준비 기간이 필요합니다.

Tip

빌려준 돈을 받지 못하면 은행은 손해를 보게 되고, 손해의 규모가 클 경우 은행 전체에 큰 타격을 가져올 수 있습니다. 이처럼 여신심사사무원의 업무는 은행에 상당히 중요한 역할을 합니다.

Tip

신용분석가가 되기 위해서는 대학에서 경영이나 경제학, 회계학, 통계학 관련 전공을 할 경우 유리하며, 수학적 능력이나 거시경제를 읽을 수 있는 경제적 감각이 필요합니다. 또한 판단력과 분석력, 때로는 과감하게 의사결정을 내릴 수 있는 결단력 역시 필요하고, 상대방을 설득할 수 있는 능력과 신뢰를 줄 수 있는 태도 또한 중요합니다.

6 신용추심원

Tip

신용추심원의 업무는 기본적으로 화난 사람을 대하는 일이 많고, 불쾌한 내용의 통화를 지속적으로 오래 해야 하므로 정신적인 스트레스가 큰 편입니다. 그러므로 감정적이거나 마음이 여린 사람에게는 맞지 않는 직업입니다.

은행에서 돈을 빌려간 고객이 원금과 이자를 제때 납부하지 않을 경우, 그러한 고객들을 상대로 돈을 회수하는 일을 합니다. 즉 '추심'이란 채무자가 갖지 않는 빚을 받아내는 일을 말하며, 신용추심원은 이와 관련된 제반 업무를 담당합니다. 은행 외에도 카드사 등 금융기관의 채권관리부서나 신용정보회사에도 신용추심원이 있습니다.

신용추심원은 먼저 연체 고객에게 연체 및 체납 사실을 전화나 우편으로 알린 다음 연체금 납입을 독촉합니다. 또한 연체 고객의 재산을 조사한 다음 갚을 것을 촉구하는 등 연체금 회수와 관련된 모든 업무를 담당합니다.

경제 불황이 지속되는 요즘, 개인과 기업 모두 빚을 제때 갚지 못해 허덕이는 경우가 많으므로 신용추심원의 수요는 지속적으로 늘어날 것으로 보입니다. 그렇지만 빚을 진 어려운 사람들을 상대하는 일이기 때문에 원만한 대인관계 능력과 인내와 끈기가 필요합니다. 또한 상대방이 어떤 사람인지 파악하여 협상하고 설득하는 능력도 중요합니다. 이를 위해 법, 심리, 경제, 회계, 상담 등의 지식을 갖추는 것이 좋습니다.

7 외환딜러

Tip

외환딜러는 세계 경제를 읽고 환율을 수시로 모니터해야 하므로 책상 위에 여러 개의 모니터를 두고 수시로 경제 동향을 살피며, 여기저기 통화를 하여 매매 타이밍에 재빠르게 움직여야 합니다. 외환딜러는 0.1초 안에 적게는 백만 달러에서 많게는 수천만 달러를 거래합니다. '0.1초의 승부사'라는 별명처럼 시장이 열리는 시간에는 눈코 뜰 새 없이 바쁘게 일합니다.

은행에서는 각종 외화를 사들이고 파는 업무도 하는데, 이 일을 하는 사람을 외환딜러라고 합니다. 외환딜러는 외환시장의 추이를 분석하고, 외환의 현물·선물을 매매하는 업무를 수행합니다. 즉, 달러화, 위안화, 엔화, 유로 등 국제금융시장에서 통용되는 외환과 파생상품을 싼 시점에 사들이고 비쌀 때 팔아 그 차액을 남기는 것입니다.

이러한 업무를 수행하기 위해서

는 통계학적 판단력과 결단력이 있어야 하며, 능숙한 외국어 실력이 필요합니다. 또 세계 정세의 변화와 경제 변동에 대한 지식을 갖추어야 합니다. 거기다 손해를 보아도 금방 잊어버릴 수 있는 담대한 성격을 지녔다면 더욱 좋습니다. 외환딜러가 되기 위해서는 은행에 입사하는 것이 좋으며, 은행에 들어왔다 하더라도 사내에서 수십 대 일의 경쟁률을 뚫어야 할 정도로 되기가 어렵습니다.

8 외환매매사무원

여행이나 출장 등으로 외국에 갈 때는 우리나라 돈을 외국 돈으로 바꾸는 환전을 해야 합니다. 환전은 여행이나 출장뿐만 아니라 외국에서 돈을 송금받거나 반대로 송금할 때도 필요합니다. 은행에서 이러한 외환 업무를 담당하는 직원을 외환매매사무원이라고 합니다. 그런데 환율은 수시로 바뀌기 때문에 환전을 어느 때에 하느냐에 따라 더 적은 돈을 받을 수도, 더 많은 돈을 받을 수도 있습니다. 여행이나 출장 등에서는 크게 문제가 되지 않지만, 기업 간의 대금 결제를 위한 송금이나 유학하고 있는 자녀의 학비 등과 같이 큰 금액을 환전하는 경우에는 신경 써야 합니다. 그러므로 은행을 자주 방문하거나 인터넷 환율 정보를 검색하는 등 정보에 민감해져야 합니다.

> **Tip**
>
> 외환매매사무원이 되려면 경제학, 경영학, 회계학 등 상경계열 학과를 전공하는 것이 좋으며, 세계 경제 흐름을 파악할 수 있는 지식을 갖추는 것이 중요합니다. 해외유학과 여행 등이 지속적으로 증가하면서 하루 거래되는 외환의 양도 어마어마한 만큼 외환매매사무원의 직업 전망은 밝다고 할 수 있습니다.

03 책과 영화 속에서 만나는 은행원

1 관련 책

1) 〈나도 은행원이 되고 싶다〉 이국헌 지음. 매일경제신문사. 2013

현재 은행권 취업을 목표로 하고 있는 학생, 즉 '은행 취업 희망자'에서 미래에 실제 '은행원'이 될 독자들을 위한 책입니다. 외환은행에 입사해 인사팀장과 본부장을 거친 글쓴이는 오랜 기간 학교 강의를 통해 학생들의 고민과 애로사항을 청취하며 취업 프로그램 운영, 취업 코칭, 카페 운영 등을 하고 있습니다. 저자는 이 책에 폭넓은 실제 자료를 수집하여 현장의 목소리를 많이 담았습니다. 은행원의 직무는 무엇인지, 채용 과정은 어떻게 되는지, 은행 입사를 위한 자기소개서는 어떻게 쓰는지, 면접 준비는 어떻게 하는지 등 이론적인 것부터 입사를 위한 실전 이야기까지 다양하게 담고 있습니다.

2) 〈나의 직업 은행원〉 청소년행복연구실 지음. 동천출판. 2014

이 책은 은행과 인간 생활에 대한 전반적인 내용을 다루고 있습니다. 은행이 생겨난 역사와 한국의 은행에 대한 정보들을 알 수 있고, 통장을 만들어주거나 예금, 적금 등의 업무를 보는 것 이외에 다양한 은행의 업무를 소개하고 있습니다.

우리가 일반적으로 은행이라고 하는 제1금융권 이외에 제2금융권과 제3금융권에 대한 소개와 함께, 운영 방식 및 업무에 대한 내용을 함께 다뤄 다양한 금융시장에 대한 전반적인 이야기를 한눈에 알 수 있습니다. 또한 고등학교와 대학교 졸업생들이 은행원이 되기 위해서는 어떠한 방법이 있는지 자세히 설명하고 있습니다. 은행 취업에 도움이 되는 다양한 자격증에 대한 설명도 함께 볼 수 있습니다.

3) 〈금융인이 말하는 금융인〉 강세훈 외 지음. 부키. 2013

장래 직업으로 금융인을 고려하고 있는 청소년과 금융권 취직을 목표로 하는 대학생, 금융권으로의 이직을 꿈꾸는 직장인이라면 꼭 읽어보아야 할 책입니다.

이 책에서는 은행원, 증권맨, 보험맨 등 우리 경제의 한 축을 담당하고 있는 금융인의 일과 일터에 대해 27명의 금융인이 진솔한 이야기를 들려줍니다. 그 속에는 단순히 돈을 만지는 일을 하는 금융원이 아닌, 이 시대 평범한 직장인 또 전문가로서의 일과 삶에 대한 애환과 노력, 보람 등이 녹아 있습니다. 은행, 증권사, 보험사를 비롯해 신용카드사, 투자자문사, 한국거래소, 한국예탁결제원, 한국신용평가, 국민연금, 금융감독원, 한국은행 등 다양한 곳에서 다채로운 역할을 해내는 이들을 통해 금융인의 역할과 삶에 한 걸음 다가갈 수 있습니다.

2 영화 및 드라마

1] 〈반칙왕〉

2000년에 개봉된 영화로, 평범했던 은행원이 레슬링 선수가 되어 삶의 활기를 찾는다는 내용을 담고 있습니다.

은행원인 임대호는 창구를 지키는 단조로운 일상에 재미를 느끼지 못하며 살고 있습니다. 지각도 잦고 실적도 없어 부지점장에게 욕먹고, 그의 헤드록(목 조이기) 기습에 당하기 일쑤며, 짝사랑하는 은행 동료는 눈길 한 번 주지 않습니다. 의기소침하게 지내던 임대호가 엉뚱하게 찾은 해방구는 프로레슬링 체육관입니다. 어린 시절 반칙 레슬러 울트라 타이거 마스크를 좋아했고, 상사의 헤드록에서 빠져나올 궁리를 하던 그는 레슬링을 배우러 나섭니다. 레슬링의 고수 유비호와의 시합에 나설 반칙 선수가 필요했던 장 관장은 망설이다가 임대호를 받아들입니다. 낮의 지루하고 생기 없는 모습과는 달리 밤이 되면 반칙 레슬러로 탈바꿈하는 임대호는 삶의 활기를 찾고 즐겁게 살아갑니다.

이 영화는 은행원으로서 가질 수 있는 실적에 대한 압박, 비애, 스트레스 등이 잘 표현되어 있다는 평가를 받고 있습니다.

2) 〈연애의 온도〉

2013년 개봉된 영화로, 헤어진 남녀의 심리를 잘 꿰뚫고 있다는 평을 받았습니다.

이 영화의 배경은 은행이며, 등장인물들도 모두 은행원입니다. 이 영화를 만든 노덕 감독은 연애 영화의 공간을 은행으로 정한 이유에 대해 다음과 같이 말했습니다.

"로맨스에 어울리지 않는 일상적이면서도 현실적인 냄새가 풍기는 공간을 원했기 때문이다. 그러한 공간이 영화로 들어오면 다양하고 재미있는 갈등이 벌어질 것 같았다."

감독의 의도대로 영화 속에서는 은행원의 일상이 생생하게 묘사되어 있고, 은행원의 다양한 업무를 배경으로 로맨스 이야기가 재미있게 표현되어 있습니다.

3) 〈한자와 나오키〉

2013년 7월부터 일본 TBS 방송국에서 방영된 드라마로, 은행원의 일상을 잘 그리고 있습니다.

상사의 부당한 대출 압력, 은행 내 파벌 싸움, 금융 감독 당국의 현장 검사 등 은행원의 구체적인 업무와 생활상을 묘사하고 있습니다. 이런 상황에서도 주인공은 투철한 정의감을 잃지 않고 숱한 압력에 맞서 기술력이나 성장성을 기준으로 대출 기업을 고르려고 노력합니다. 또한 상사의 부당한 대출 회수 명령도 거부하며 저항합니다.

긴장감 있는 줄거리와 배우들의 열연으로 이 드라마는 일본에서 최고 시청률 42%를 기록했습니다. 현실과 유사한 이야기 전개에 은행원들의 큰 공감을 얻었으며, 한 은행에서는 해당 드라마를 교육 소재로 활용하는 방안을 검토하기도 했다고 합니다.

04 은행원이 하는 일

1 은행원의 하루

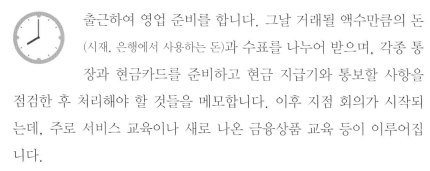

은행 업무 시간은 일반적으로 오전 9시부터 오후 4시까지입니다. 하지만 이 시간은 고객들을 대상으로 한 업무 시간입니다. 은행원들은 8시쯤 출근하여 업무 준비를 하고, 4시에 고객 업무가 끝나면 내부에서 전표를 정리하고 회계를 처리한 후 보통 저녁 7시 이후에 퇴근합니다.

특히 기업들이 월급을 주는 등의 회계 처리 업무가 대개 월말이나 월초에 집중되는 만큼 이 기간에는 평소보다 업무량이 늘어나 퇴근이 늦어지는 경우가 많습니다.

지금부터 사람들과 가장 친숙한 창구 직원, 즉 텔러의 일과를 따라가 보기로 합니다.

출근하여 영업 준비를 합니다. 그날 거래될 액수만큼의 돈(시재, 은행에서 사용하는 돈)과 수표를 나누어 받으며, 각종 통장과 현금카드를 준비하고 현금 지급기와 통보할 사항을 점검한 후 처리해야 할 것들을 메모합니다. 이후 지점 회의가 시작되는데, 주로 서비스 교육이나 새로 나온 금융상품 교육 등이 이루어집니다.

9시부터 창구에 앉아 고객을 상대로 업무를 합니다. 통장을 만들거나 재발급해 주고, 입금과 출금을 도와주며, 적금을 들거나 만기가 되어 찾는 것을 도와줍니다. 또한 세금 수납 업무, 재테크 상담, 세무 상담, 각종 해외 송금이나 환전 업무, 대출 상담이나 어음 관련 업무 등을 합니다.

점심시간이 되어도 은행은 쉬지 않습니다. 점심시간을 이용해 은행 업무를 보는 직장인들이 많아 다른 시간대보다 오히려 더 바쁩니다. 그리하여 은행원들은 오후 12시~오후 1시, 오후 1시~오후 2시에 걸쳐 1시간씩 교대로 식사를 합니다. 영업점 상황에 따라 인원이 부족하면 3교대로 식사를 하기도 합니다.

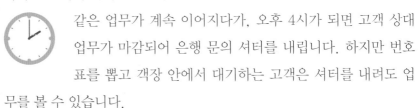

같은 업무가 계속 이어지다가, 오후 4시가 되면 고객 상대 업무가 마감되어 은행 문의 셔터를 내립니다. 하지만 번호표를 뽑고 객장 안에서 대기하는 고객은 셔터를 내려도 업무를 볼 수 있습니다.

영업 시간이 끝나고 고객이 모두 돌아가면 또 다른 업무가 시작됩니다. 그날 거래된 돈, 수표, 통장, 남아 있는 카드의 양을 점검하고 확인해서 각자의 시재(은행에서 사용하는 돈)를 맞춥니다. 시재가 틀린 경우, 부족할 때는 자신의 돈으로 채워 넣고, 남을 때는 가수금계정에 넣어 출처를 찾습니다. 이때 시재가 부족하든 남든 간에 금액이 일정 범위 이상 틀리면 이에 대한 사유서를 작성해야 합니다. 그만큼 은행원에게 시재는 중요하므로 정확하게 다뤄야 합니다. 그 밖에 신용카드 신청서를 전산으로 입력하고, 새로 들어온 대출 서류 등도 전산에 입력합니다. 그리고 CRM 고객 관계 마케팅을 합니다. 거래 만기 안내 전화, 거래 감사 전화 등을 하지요.

이렇게 하여 하루 일과가 마무리되는데, 업무에 능숙한 사람들은 6시쯤에, 보통은 7시~8시 정도에 퇴근합니다. 은행원은 보통 야근을 한다 해도 밤늦게까지 하지 않고, 주말이나 공휴일에는 편히 쉴 수 있습니다.

05 은행원이 되기 위해 필요한 능력

1 성실성과 도덕성

　은행에서는 성실을 중요한 덕목으로 봅니다. 돈을 다루는 데 있어 신속 정확해야 하므로 긴장감도 높고, 업무 강도가 센 만큼 즉흥적으로 행동하지 않고 꾸준히 할 수 있는 성실성이 필요합니다. 따라서 은행원 선발과정에서는 입사시험 성적과 대학 시절의 학점도 중요하게 보지만, 그 밖에 생활기록부에 나타난 학교생활의 충실도, 성실성, 출석 상태 등도 눈여겨 봅니다.

　은행원들은 또한 고객들의 돈을 다루기 때문에 엄격한 도덕성이 필요합니다. 고객과의 관계에서 신뢰가 무엇보다 중요한 만큼 도덕성은 은행원의 필수입니다.

2 책임감

　은행에서는 직급에 따라 행원과 책임자로 구분하는데, 보통 과장 이상부터는 책임자라는 수식어가 붙습니다. 각종 수신거래, 외환거래, 여신거래 등에 대하여 종류별, 금액별로 전결권이라는 것이 직급에 따라 부여되고 나중에 해당 거래가 문제가 된다든지, 은행에 손실을 끼치는 경우 당시 해당 거래를 했던 결제라인의 담당자－책임자－지점장 등이 책임을 집니다.

　따라서 은행원들이 전표나 서류에 도장을 찍는 것 자체가 그 거래에 대하여 확인하였으며 책임을 진다는 것을 뜻합니다. 은행원이 일 처리를 잘못했을 경우에는 주의 환기, 견책, 감봉, 변상, 면직까지의 면책과 징계가 결정되며, 심한 경우 형사고소까지 진행되기도 합니다.

3 원만한 대인관계

　은행원은 고객들을 상대하는 서비스직인 만큼 인상도 좋아야 하고,

115

대화하는 기술도 있어야 합니다. 실제로 은행에서 신입사원 면접을 할 때는 표정이나 태도, 인성, 대인관계적 특징을 중요시합니다. 대인관계 능력이 좋으면 창구에서 하는 기본적인 업무는 물론 다양한 금융상품 을 판매하는 데도 유리하여 영업력을 높일 수 있습니다.

4 인내심과 끈기

은행은 각양각색의 고객을 상대하는 만큼 인내심도 필요합니다. 수 많은 상품 규정을 설명하는 일, 불성실한 고객을 상대로 빌려간 돈을 받아내는 일, 까다로운 고객을 설득하는 일, 그리고 매일 반복되는 업 무 등 모두 상당한 인내심이 필요합니다. 거기다 끊임없는 실적 압박과 경쟁 스트레스를 이기고 목표를 이루기 위해서는 끈기가 필요합니다.

5 경제 지식

은행원으로서 그 능력을 인정받기 위해 반드시 필요한 것은 바로 경 제 지식입니다. 사회가 발전하면서 전문적인 상담을 원하는 고객들이 늘고 있으므로 은행원들은 경제·경영 지식을 계속 쌓는 등 자기 계발 에 시간과 노력을 투자해야 합니다. 현재 경제 상황은 어떠한지, 거기 에 알맞은 금융상품은 무엇인지 등 고도의 경제 지식을 갖추고 있다면 전문성을 인정받아 더 큰 능력을 발휘할 수 있을 것입니다.

06 은행원의 장단점

1 장점

1) 높은 연봉

최근 몇 년 간 취업시장에서 은행원의 입사 경쟁률은 100대 1을 넘을 정도로 치열합니다. 이렇게 은행원의 인기가 높은 이유 중 하나는 높은 연봉 때문입니다. 금융회사들이 금감원에 제출한 사업보고서에 따르면 은행원의 평균 연봉은 8,600만 원으로 타 업종에 비해 매우 높은 수준입니다.

2) 직업적 안정성

은행원은 특별한 사유가 없는 한 고용이 정년까지 안정적으로 보장되어 있습니다. 40대 후반~50대 초반에 그만두어야 하는 일반 회사원들에 비해 은행원의 고용 기간이 10년 정도 더 길다고 할 수 있습니다.

3) 다양한 복지 혜택

다양한 복지 혜택도 은행원에 대한 선호도를 높이는 이유 중 하나입니다. 자녀들의 학자금 지원, 주택자금 지원, 부양가족 지원 등 처우와 복지가 좋은 편입니다. 또한 주 5일 근무에 주말이나 휴일 잔업이 거의 없기 때문에 근무 여건도 좋은 편입니다.

2 단점

1) 실적에 대한 스트레스

은행들은 자신들만의 금융상품을 개발하고 출시하여 고객들을 상대로 판매하고 있습니다. 새로운 금융상품이 나오면 은행원들은 고객들을 상대로 판매해야 합니다. 금융상품 판매 실적이 승진이나 연봉협상 등에 영향을 주므로 은행원들은 실적에 대한 압박감을 많이 느낍니다.

117

실적이 부진할 경우에는 지점장 등에게 좋지 못한 소리를 듣기도 합니다.

금융상품뿐만 아니라 자사 신용카드의 가입 실적도 정기적으로 평가받습니다. 사정이 이렇다 보니 일부 은행원들은 가족과 지인을 동원해서라도 실적을 올리려고 합니다.

2) 연장근무

은행원들은 주말이나 휴일에는 거의 쉬는 편이지만 평일에는 일반 회사원보다 장시간 근무하는 편입니다. 대개 오전 7시 30분이나 8시까지 출근하여 오후 7시 이후에 퇴근합니다. 또한 돈을 다루는 일인 만큼 실수가 없도록 늘 긴장 속에서 일을 하고, 신속하고 정확하게 반복적인 업무를 해야 한다는 점도 단점으로 꼽힙니다.

3) 실력 향상에 대한 압박감

은행원들은 실적에 대한 스트레스 말고도 생존을 위한 학습 스트레스도 상당합니다. 현재 여러 은행들은 자율적으로 응시할 수 있는 직무 관련 시험을 신설하는 등 직원들의 전문적 지식 습득을 위한 프로그램을 마련하고 있습니다. 이런 시험에 응시하는 것은 의무사항이 아니지만 많은 은행원들이 시험에 응시하고 있습니다. 힘들지만 자신의 역량도 키울 수 있고, 시험에 합격하면 포지티브 인센티브를 받기 때문입니다. 그 밖에 승진시험을 봐야 하고, 사원 간의 경쟁이 치열하여 이에 대한 스트레스도 높습니다.

07 은행원이 되기 위한 과정

1 중·고등학교 시절

은행원이 되려면 4년제 대학의 경제 관련 학과를 졸업하면 유리합니다. 고등학교에서는 문과를 선택해야 대학의 경제학과나 경영학과에 진학할 수 있습니다. 그런데 각 대학에서 경제학과나 경영학과는 경쟁이 매우 치열하므로 중·고등학교 시절 공부를 열심히 해야 입학이 가능합니다.

또한 경제나 금융 관련 책을 많이 읽고, 기회가 된다면 학교 내의 경제 동아리 활동을 하거나 학교 외부에서 하는 경제 관련 체험학습에 참여하는 것도 좋습니다.

대학에 진학할 형편이 되지 않는다면 고등학교만 졸업해도 은행에 취업할 방법이 있습니다. 상업계열 고등학교나 금융 관련 고등학교와 같은 특성화 고등학교를 우수한 성적으로 졸업하면 고등학교 졸업 후 바로 은행에 취업할 수 있습니다. 그러나 최근 대부분의 은행에서 고졸 채용 규모가 줄어들고 있으므로 특성화 고등학교를 선택할 때는 보다 신중해야 합니다.

> **Tip**
>
> 은행원이 되기 위한 교육 과정으로는 상업계 고등학교나 금융 관련 고등학교와 같은 특성화 고등학교를 졸업하고 바로 취업하거나, 전문대학이나 4년제 대학교에 진학하여 경제학과, 경영학과, 통계학과, 회계학과, 경제금융학과, 금융경영학과, 금융공학과, 금융학과, 보험금융학과 등을 전공하면 유리합니다.

은행 관련 학과가 있는 고등학교		
지역	학교명	학과명
서울특별시	서울금융고등학교	금융자산운용과 금융정보과 금융회계과
경기도	성남금융고등학교	금융회계과 금융IT 디자인과
부산광역시	국제금융고등학교	국제금융학과
강원도	원주금융회계고등학교	금융회계과
대구광역시	상서고등학교	금융학과

2 대학교 시절

은행원이 되고 싶다면 대학에서 경제학과, 경영학과, 회계학과, 통계학과, 금융학과 등 상경계열의 학과를 전공하는 것이 유리합니다. 대학을 졸업한 다음 입사하면 고등학교를 졸업하고 입사하는 것보다 원하는 직무에서 일할 수 있는 기회가 더 많이 주어지고, 더 많은 연봉에 승진의 기회도 더 많습니다.

은행에 입사하기 위한 경쟁이 치열하므로 대학 시절 공부를 열심히 해서 학점 관리를 잘해 두어야 합니다. 또한 영어 실력도 출중해야 하므로 토익이나 토플 공부도 열심히 해야 합니다. 그리고 금융 관련 동아리나 회계 관련 동아리에 가입하여 활동하거나 모의투자대회, 증권경시대회, 회계대회 등 학교나 기타 기관에서 실시하는 금융 관련 대회에도 꾸준히 참가하는 것이 좋습니다. 평소에 경제나 금융 관련 책을 많이 읽고, 기회가 된다면 입사하고 싶은 은행의 인턴사원으로 일해 보는 것도 매우 유리합니다.

3 취업 준비

은행에 취업하려면 좋은 학점과 영어 실력은 기본이고 이른바 '자격증 3종 세트'라 불리는 증권투자상담사, 투자자산운용사, 파생상품투자상담사 자격증을 갖추면 더욱 유리합니다. 각 은행마다 인정해주는 자격증이 따로 있으니 자신이 입사하고자 은행에서 요구하는 자격증은 꼭 따야 합니다.

취업을 위해 은행에 제출해야 할 서류에는 자기소개서, 이력서, 성적증명서 등이 있는데, 이 중 자기소개서가 장 중요합니다.

서류에 통과하더라도 면접이란 큰 관문이 기다리고 있습니다. 은행의 면접은 아침부터 저녁까지 진행되는 경우가 많습니다. 면접 방법은 프레젠테

Tip

은행 입사를 위한 취업 준비생들이 갖춰야 할 금융 관련 자격증으로 증권투자상담사, 투자자산운용사, 파생상품투자상담사가 있습니다. 특히 파생상품투자상담사 자격증이 없다면 은행 창구에서 파생상품과 파생결합증권에 대한 투자자문이나 투자권유를 할 수 없도록 법적으로 정해져 있습니다. 즉, 파생상품투자상담사 자격증을 따지 않으면 아예 은행원을 할 수가 없습니다.

이선, 토론면접, 인성면접, 시사문제 질문, 면접관 얼굴을 보지 않고 벽을 사이에 둔 채 진행하는 블라인드 면접 등 매우 다양합니다. 이러한 면접을 통하여 은행원으로서 지녀야 할 기본 역량과 창의성, 논리적 사고력 등을 판단합니다. 이에 비해 사장 등 임원들이 면접관으로 참여하는 경우는 기업문화에 적합한 인재인가를 보는 인성검증면접이 집중적으로 이루어집니다.

이렇듯 다양한 방식의 면접과 폭넓은 주제의 질문 등 까다로운 입사 관문을 통과하기 위해서는 대학시절부터 꾸준한 준비가 필요합니다.

4 취업 후

어려운 관문을 뚫고 드디어 은행원이 되었다면 이제 또 다른 도전이 기다리고 있습니다. 매일매일 계속되는 고객과의 상담과 효율적인 업무 처리, 그리고 영업 실적도 높이고, 자기 계발을 꾸준히 하여 전문성도 갖추고, 직원들과의 팀워크도 잘해 나가야 합니다.

그리하여 실력을 인정받고 승진을 계속해 나간다면 지점장이 될 수도 있고, 더 나아가 모든 은행원들의 꿈이라 할 수 있는 은행의 CEO, 은행장이 될 수도 있습니다.

08 은행원의 마인드맵

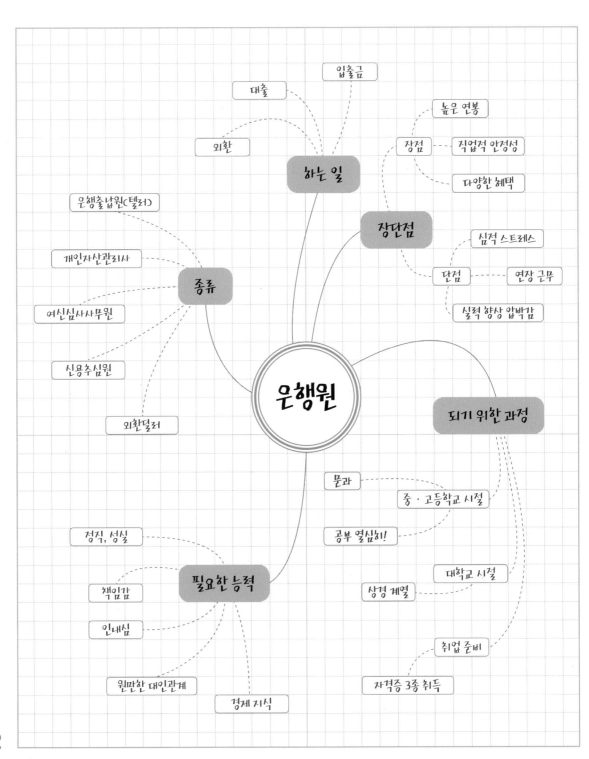

입출금

대출

외환

하는 일

높은 연봉

장점 ─── 직업적 안정성

다양한 혜택

장단점

심적 스트레스

단점 ─── 연장 근무

실적 향상 압박감

은행출납원(텔러)

개인자산관리사

종류

여신심사사무원

신용추심원

외환딜러

은행원

되기 위한 과정

문과

중·고등학교 시절

공부 열심히!

정직, 성실

대학교 시절

책임감

상경 계열

필요한 능력

인내심

취업 준비

원만한 대인관계

경제 지식

자격증 3종 취득

09 은행원과 관련하여 도움 받을 곳

1 직업 정보를 얻을 수 있는 기관

●고용노동부 워크넷(http://www.work.go.kr) 한국고용정보원에서 운영하는 사이트로, 무료로 직업 심리 검사를 이용할 수 있습니다. 직업 정보 검색, 직업·진로 자료실, 학과 정보 검색 등의 정보를 제공하며, 직업·학과 동영상, 이색 직업, 테마별 직업 여행, 직업인 인터뷰 자료를 볼 수 있습니다. 온라인 진로 상담 서비스도 제공합니다.

●커리어넷(http://www.career.go.kr) 한국직업능력개발원이 운영하는 사이트로, 초등학생부터 성인, 교사에 이르기까지 대상별로 진로 및 직업 정보를 제공하며 온라인 상담도 할 수 있습니다. 심리 검사를 무료로 이용할 수 있으며, 학생들이 만든 UCC 자료도 무료로 제공하고 있습니다.

●뱅크 아지트(http://www.bankazit.com) 전·현직 은행원들의 커뮤니티로, 최근 은행의 동향이나 구인 정보를 담고 있습니다. 각종 은행 정책이나 트렌드 관련 기사들을 스크랩해 놓고 있으며, 은행원끼리 소통하는 창구로 주목받고 있습니다. 각종 은행 채용 정보가 망라되어 있어 꾸준히 관심을 가지고 보면 좋은 기회를 잡을 수도 있습니다.

2 직업 체험 프로그램

●한화 금융네트워크 금융취업캠프(http://www.netcruit.co.kr) 한화금융네트워크에서 취업을 앞둔 졸업생 및 예정자들에게 취업 성공 노하우를 들려주는 캠프입니다. 성공한 취업 멘토들이 들려주는 도전 이야기, 성공 면접법, 감동 있는 자기소개서 작성법 등을 알려줍니다. 은행은 물론이고 금융권 전반의 흐름을 들을 수 있는 자리입니다.

●KB굿잡 취업아카데미(http://www.kbstar.com) KB 국민은행이 구직자의 희망 직무별 취업 컨설팅 및 맞춤형 교육 지원으로 취업 역량을 강화하고자 마련된 프로그램입니다. 매년 개최하는 국내 최대 규모의 'KB굿잡 취업박람회'와 연계하여 구직 가능성을 높이기 위해 도입한 무료 취업지원 교육프로그램으로서, 대학생 등 취업 준비생을 대상으로 1박 2일 동안 3개 과정으로 진행되며, 이 과정의 수료생은 채용 시 우선 추천되는 등 혜택을 누릴 수 있습니다. 금융권뿐만 아니라 다양한 분야의 취업 정보도 동시에 얻을 수 있는 프로그램입니다.

●금융연수원, 대졸 미취업자를 위한 원격연수 무료교육(http://www.kbi.or.kr) 한국금융연수원이 실시하고 있는 프로그램으로, 취업에 어려움을 겪고 있는 대졸 미취업자들에게 주요 금융 업무에 대한 연수를 실시하여 향후 금융기관 또는 민간기업 취업 시 도움을 줄 수 있도록 마련되었습니다. 은행 텔러, 증권펀드투자상담사 등에 대한 사이버 연수와 은행 실무 기초에 대한 통신 연수 등을 하고 있으며, 원격으로 교육을 받을 수 있어 따로 참석하기 어려운 취업 준비생에게 큰 도움이 될 수 있습니다.

10 유명한 은행인

1 김정태(1947~2014) 초대 KB 국민은행장

전남 광주에서 태어났으며, 조흥은행에서 은행원 생활을 시작했습니다. 이후 증권업계로 옮겨 1980년 34살의 나이에 대신증권 상무를 맡

은 뒤 1997년 동원증권 대표이사 및 사장까지 역임하고 1998년
에는 한국주택은행 은행장에 올라, 증권맨에서 대형 시중은행
장으로 거듭난 '스타 금융인'으로 주목받기 시작했습니다.

은행장 취임 당시 월급을 '1원'으로 하는 대신 40만 주의
스톡옵션을 받겠다고 선언하는 등 파격적인 행보로 보수
적인 은행업계에서 숱한 화젯거리를 만들어냈습니다. 이러
한 분위기 덕분에 취임 초 3,000원대였던 주택은행의 주가는
30,000원대까지 뛰기도 했는데, '최고경영자(CEO) 주가'라는 신조
어도 생겨났습니다.

이후 2001년에는 통합 제1대 KB 국민은행장에 올랐습니다. 이후에
도 계속 독특한 행보는 이어졌습니다. 9.11사태 당시에는 은행으로서
는 이례적으로 적극적인 유가증권 투자에 나서 성공을 거두기도 했고,
직원 조회에서는 '인사 청탁과 싸워 나가겠다.'고 밝히며, 시민사회단
체와 언론 등에 대해서도 물밑에서 적극적으로 지원했습니다.

또한 김정태는 권위주의 문화를 타파한 것으로도 유명합니다. 국내
최대 규모 은행의 대표였지만 취임과 동시에 임원 전용 엘리베이터, 임
원식당, 은행장 수행비서 등 세 가지를 없애는 등 합리적인 문화를 만
들어 가는 데 기여했습니다.

그리고 인사 면에서도 파격적인 모습을 보여 주었습니다. 2002년 국
민은행 전 직원에게 메일을 보내 '희망하는 자리와 이유를 적어 보내
라.'고 지시했고, 지원에 따라 대리나 여직원들을 지점장으로 보내는
등 파격 인사를 단행한 것입니다.

이러한 리더십은 해외에서 더욱 인정받아 '아시아를 대표하는 금융
회사 CEO'로 뽑히기도 했습니다.

이렇듯 김정태는 외국계 투자자들과 금융시장에서는 높은 평가를 받
았지만, 금융당국과는 조금은 불편한 관계에 있었습니다. 2004년 금융
감독위원회는 국민은행과 국민카드의 합병 과정의 회계기준 위반을 문
제 삼으며 김정태의 연임 불가를 의미하는 문책성 경고의 중징계를 내
렸습니다. 이 일을 계기로 김정태는 은행계를 떠났고 이후 금융계와는
거리를 두며 일산 농장에서 농사를 지으며 지냈습니다.

하지만 은퇴 후에도 자신만의 철학을 담은 행보는 이어졌습니다. 자

신의 스톡옵션 수입 중 절반인 수십억 원을 과감하게 사회에 기부했던 그는 퇴임 후에도 기부 활동에 적극적이었습니다. 또한 후배 금융인들에게도 기부를 권장하는 등 기부문화 활성화를 위해 노력했습니다.

이렇게 은행계는 물론 사회 발전을 위해 살았던 김정태는 2014년 1월 67세의 이른 나이에 세상을 떠났습니다.

2 한동우(1948~) 신한금융 회장

2014년 아시안 뱅커 리더십 대상에서 한국인 최초로 아시아태평양 지역 최고 금융 CEO에 선정되는 등 해외에서도 큰 주목을 받고 있는 인물입니다.

한동우는 부산에서 태어나 서울대학교 법학과를 졸업했습니다. 1971년 한국신탁은행에 입사했다가 1977년 신용보증기금에 재입사했습니다. 신한은행과는 1982년 개설준비위원으로 첫 인연을 맺었으며, 이후 신한은행 기획조사부장, 종합기획부장 등을 지낸 후 신한은행 이사, 상무이사, 부행장 등 신한은행 임원으로 주요 직책을 거쳤습니다. 그리고 지난 2011년 신한금융 회장으로 선임됐습니다.

회장으로 취임한 2011년에 사상 최대인 3조 원 이상의 순이익을 거둔 데 이어 2013년에는 어려운 금융환경 속에서 금융지주사 최고인 2조 5,000억 원의 순이익을 거뒀습니다. 특히 만년 적자에 허덕이던 신한생명 사장으로 취임해 흑자전환을 달성하는 한편, 신한생명을 그룹 자회사로 편입시킴으로써 그룹의 비은행 사업 부문을 강화시켰습니다.

한동우의 이 같은 성과는 '공정·투명'이라는 인사 원칙을 내걸고 과감한 인사 정책을 펼친 덕분이었습니다. 출신이나 배경에 상관없이 오직 능력과 성과를 바탕으로 그룹 경영진을 발탁했습니다. 능력과 전문성을 갖추고 있다면 배경이나 인맥과는 무관하게 높은 직책을 주거나 임원으로 발탁했습니다.

독특한 경영 방식 또한 큰 화제를 모았습니다. 이른바 '도시락 미팅'으로 불리는 소통 문화도 그 중 한 가지입니다. '도시락 미팅'이란 점심 시간에 일반 직원들과 함께 도시락을 먹으면서 대화를 나누는 것인데 이렇듯 사내 다양한 목소리에 귀를 기울이는 열린 자세를 보여 왔습니다. 기업의 지속 가능한 성장을 위해서는 무엇보다 소통의 힘이 중요하다는 생각 때문이었습니다. 한동우는 도시락 미팅 후 다양한 의견과 조언을 그룹 의사결정에 반영함으로써 도시락 소통이 성공적이라는 평가를 받았습니다.

한동우가 추구하는 중요한 가치 중 또 하나는 기업과 개인을 살리는 '따뜻한 금융'을 만들자는 것입니다. '비 올 때 우산을 뺏지 않는 상생이 금융의 본질'이라는 생각으로 소상공인 창업 지원에 노력하는가 하면, 신한카드로 저소득자들이 병원비를 무이자 할부로 낼 수 있도록 지원하는 등 다양한 방식을 통해 이러한 철학을 실천해오고 있습니다.

이처럼 경영 성과와 재무 건전성, 리더십, 경영 철학 등 다양한 부문에서 높은 평가를 받고 있는 한동우는 대한민국을 대표하는 금융인으로 손꼽히고 있습니다.

11 금융 관련 직업 다 모여라!

돈을 다루는 금융회사에는 은행 말고도 증권회사와 보험회사 등이 있습니다. 지금까지는 은행과 관련된 금융인들을 살펴보았는데, 지금부터는 증권회사와 보험회사 등에서 일하는 금융인들을 살펴보기로 합니다.

1 펀드매니저(투자 전문가)

고객이 맡긴 돈을 대신 투자해 주는 투자 전문가입니다. 펀드의 원래 뜻은 '자금', 즉 경제 활동에 필요한 돈을 통틀어 말합니다. 그러나 일반적으로 이익을 목적으로 주식·채권 등에 투자하기 위해 맡기는 재산이나 돈을 뜻합니다.

펀드매니저는 고객들의 투자 자금으로 주식·채권 등에 투자하여 이익을 얻고, 그 이익을 다시 고객에게 돌려주는 일을 합니다. 쉽게 말해 고객이 맡긴 돈을 불리는 일을 합니다. 펀드는 투자 대상이나 관리하는 펀드매니저의 능력에 따라 짧은 시간 안에 큰 이익을 볼 수도 있고, 반대로 큰 손실을 볼 수도 있습니다. 따라서 펀드매니저는 아무 곳에나 투자하는 것이 아니라 기업체가 얼마나 성장을 할 것인지를 예상하고, 더 많은 이익을 얻게 될 것이라 생각되는 곳에 투자를 합니다.

유능한 펀드매니저가 되려면 환율이나 물가 등 경제 변화와 시장 흐름을 예측할 수 있어야 합니다. 그리고 종목별 주식, 채권 등을 꼼꼼히 살펴 철저한 투자 계획을 세워야 합니다. 투자 분석가인 애널리스트가 제공하는 자료 외에도 투자 설명회나 기업 탐방 등을 통해 필요한 정보를 수집·분석해서 가장 효율적인 투자 계획을 세웁니다.

펀드매니저는 필요한 투자 자금을 만들기 위해 투자자를 모으는 일도 합니다. 더 많은 고객들이 자신에게 투자를 맡길 수 있도록 자신이 관리하는 펀드를 소개하고, 증권회사와 함께 투자설명회를 개최하기도 합니다. 한 사람이 몇 개의 펀드 상품을 관리하기도 하지만, 여러 명이 팀을 이루어 다양한 펀드 상품을 관리하기도 합니다.

펀드매니저가 되기 위해서는 대학에서 경영학·경제학·통계학 등을 전공하는 것이 유리하고, 투자상담사 자격증·일반 운용전문인력 자격증(RFM) 등이 필요합니다. 특히 금융 회사, 투자신탁 회사에서 펀드매니저로 일하려면 RFM 자격증이 꼭 필요합니다. 이 자격시험은 관련 기관에서 3년 이상 근무한 경력이 있거나 투자신탁협회 또는 금융투자교육원에서 교육 과정을 이수해야만 응시할 수 있습니다.

펀드매니저는 남의 돈을 맡고 있기 때문에 윤리의식과 책임감이 있어야 하고, 도전적이고 성취감이 강한 사람에게 어울립니다. 또한 국내외 경제 움직임을 파악하기 위해서는 영어와 컴퓨터 사용 능력도 중요합니다.

펀드매니저의 하루하루는 시시각각 변하는 시장 상황에 따라서 긴장의 연속입니다. 투자로 얼마나 수익을 높일 수 있느냐에 따라 능력이나 성패가 갈리기 때문에 펀드매니저끼리 수익률 경쟁이 치열하며, 이로 인한 긴장감과 스트레스가 심한 편입니다. 하지만 결과가 좋으면 그만큼 보람도 있고 성취감도 큰 직업입니다.

2 애널리스트(투자 분석가)

보통 증권사나 투자회사 등에서 근무하며, 투자 전문가인 펀드매니저나 투자 상담사 또는 개인 투자자들에게 금융 및 투자 자문을 제공하기 위해 금융시장 정보를 수집, 분석하는 일을 합니다. 즉 투자에 필요한 정보를 제공해 줍니다.

애널리스트가 하는 일을 살펴보면, 국내외 주식시장 및 파생상품시장을 분석하고 예측하여 투자 전략을 수립하고, 국내외 경제 상황 및 산업·기업별 정보를 수집하고 분석합니다. 경제 환경 변화에 따른 해당 산업을 전망하며, 산업 전망에 따라 주식 및 파생상품 시장의 관계를 분석하고 전반적인 동향을 분석합니다. 개

별 기업들의 영업 환경 및 주요 자금 운용 계획, 재무 분석 등을 통해 향후 수익 및 주가를 전망하며, 저평가된 기업들의 적정 주가를 다양한 평가 방법으로 다시 산정합니다. 종목별 또는 상품별 매매가와 거래량 등의 추이 및 시황(상품이나 주식 따위가 시장에서 매매되거나 거래되는 상황)을 분석하여 주식 및 파생상품 투자 전략을 수립하며, 분석 결과를 보고서로 작성하여 발표합니다.

애널리스트는 수학적 마인드와 거시경제를 읽을 수 있는 능력이 있어야 하며 판단력과 분석력, 역동적인 증권시장의 변화에 대처할 수 있는 균형감각을 갖추어야 합니다. 때로는 과감하게 의사결정을 내릴 수 있는 결단력이 필요하며, 상대방을 설득할 수 있는 능력과 신뢰를 줄 수 있는 태도가 있어야 합니다.

애널리스트가 되기 위해서는 4년제 대학의 경영, 경제, 회계, 통계학과를 전공하는 것이 유리합니다. 일부에서는 석사 이상의 학위를 요구하는 곳도 있으며 최근에는 이공계 출신들도 많이 고용되고 있습니다.

3 감정평가사

감정평가사는 개인이나 단체, 회사, 국가가 소유한 재산의 경제적 가치를 평가하여 이를 가격으로 나타내는 일을 합니다. 토지 · 건물 · 아파트 · 공장 등의 부동산, 자동차 · 선박 등의 동산, 영업권 · 소유권 등의 무형자산, 주식 · 증권 등의 금융자산에 대한 경제적 가치를 감정하고, 이를 돈으로 환산합니다.

감정평가사는 사람들이 은행에서 돈을 빌릴 때나 나라에서 세금을 책정할 때, 신도시 건설과 같은 대규모 택지 개발에 따른 보상 금액을 정할 때 매우 중요한 역할을 합니다.

감정평가가 이루어지는 과정을 살펴보면, 먼저 감정이 필요한 대상물의 감정 목적과 조건을 정하고, 필요한 감정 계획을 세웁니다. 업무는 현장 조사를 통해 이루어지는데, 각종 자료를 기초로 대상물의 가격에 미치는 모든 요인을 확인하여 대상 물건의 부동산 가격을 조사하고, 해당 물건의 용도 · 입지 조건 · 주변 시설 등 지역 특성을 살핍니다. 모든 요인을 종합하여 적절한 감정 방법을 정한 후, 돈으로 환산하여 감정서를 작성합니다.

감정평가사에게 필요한 능력은 수치와 통계를 계산하고 적용할 수 있는 수리 능력, 공간지각력, 판단 및 의사결정 능력입니다. 꼼꼼하고 세밀한 성격을 가진 사람이 유리하며, 이해관계에 따라 감정평가의 결과가 좌우되지 않도록 공정성과 신뢰성, 책임감 등과 같은 엄격한 직업의식이 요구됩니다. 만약 개인의 재산을 감정하는 데 실수를 하거나 잘못된 평가를 할 경우, 한 사람에게 경제적으로 큰 손실을 입힐 수도 있습니다. 특히 국가의 공공사업 같은 공적 업무에 있어서는 잘못된 감정으로 국가 예산에 큰 피해를 줄 수도 있습니다. 그러니 철저한 직업의식이 필요합니다.

감정평가사가 되기 위해서는 감정평가사 시험에 합격해야 합니다. 민법, 경제원론, 회계학, 부동산 관련 법규, 감정평가 및 보상 법규 등을 공부해야 하니 대학에서 법학·경제학·회계학·부동산학·도시학 등을 전공하면 유리합니다. 그 밖에 각종 사설학원 등에서 감정평가사 교육을 받을 수도 있습니다.

감정평가사무소를 개설할 경우에는 자격증 취득 후, 교육훈련과정 6개월과 실무훈련과정 6개월로 이루어진 1년간의 실무수습을 받아야 합니다.

4 위폐감식 전문가

시중에 위조지폐가 유통되지 못하도록 화폐를 검사해서 위조지폐를 찾아내는 일을 합니다. 현재 우리가 사용하는 만 원이나 오만 원짜리 지폐를 살펴보면 여러 가지 문양과 그림, 숫자들을 찾아볼 수 있습니다. 그리고 좀 더 자세히 들여다보면 아주 작게 인쇄된 한국은행 마크도 발견할 수 있습니다. 그 밖에도 지폐에는 사람들이 쉽게 알아볼 수 없는 비밀 장치가 숨어 있습니다. 바로 위조방지 장치들입니다.

그러나 이런 위조방지 장치에도 불구하고 시중에는 위조지폐가 유통되고 있으며, 제작 수법도 점점 더 정교해지고 있습

니다. 그래서 위조지폐를 찾아내는 위폐감식 전문가의 필요성이 더욱 높아지고 있습니다.

위폐감식 전문가들은 지폐감식기가 1차로 감별해 낸 화폐들을 감정합니다. 지폐를 손으로 만져 보거나, 흔들어 소리를 들어보고, 불빛에 비춰 보며 이상이 없는지 확인합니다. 또한 지폐의 재질, 촉감, 인쇄 상태나 화폐마다 숨어 있는 고유의 표시를 확인하여 위조지폐인지 판단합니다. 돋보기와 광학현미경, 자외선램프, 적외선 등 각종 광학 장비와 화학 반응 실험 장비를 준비하여 원료, 은화, 은사, 형광 특성, 내·외부 처리제 및 기타 특수 요소 등에 광학적, 화학적 및 물리적 특성을 종합하여 위조나 변조 여부를 규명합니다. 그리고 분석한 결과를 근거로 제조과정을 식별한 후에 감정의뢰 기관에 감정 여부를 보고합니다.

현재 위폐감식 전문가들은 한국조폐공사의 위조방지센터와 외국 화폐를 전문적으로 감식하는 곳인 외환은행에서 일하고 있습니다.

위폐감식을 위한 기관이나 교육과정은 따로 없습니다. 그래서 은행에 취업해 전반적인 은행 업무를 모두 익힌 후, 그 능력을 인정받아 위폐감식 전문가가 되어야 합니다.

5 보험설계사

만약의 사고로 큰돈이 들어갈 겨우를 대비해 보험 회사에 미리 일정한 돈을 내었다가 갑작스런 사고가 났을 때 도움을 받는 것이 보험입니다. 보험설계사는 보험과 관련하여 자산을 어떻게 관리할 것인지 설계해 주는 사람으로 대개 보험회사에 고용되어 일하고 있습니다.

보험설계사는 보험 가입 대상자를 만나 보험의 의미나 필요성에 대해 알려주고 개개인의 상황이나 조건에 맞는 보험 상품에 가입하도록 권유합니다. 고객이 가입하겠다는 결심을 하면 계약서를 작성하여 영업점에 등록시키는 일을 합니다.

이처럼 기존에는 보험 가입자를 모집하는 것이 보험설계사의 주된 임무였는데, 요즘에는 재무 상담이나 생활 설계, 대출 상담으로까지 업무 영역을 넓히고 있습니다. 최근에는 펀드 판매가 가능해짐에 따라 각종 금융 정보 및 펀드 상품 등에 대한 폭넓은 지식을 쌓는 노력이 필요합니다.

　실제로 보험설계사가 하는 일은 매우 다양합니다. 고객이 재산을 늘릴 수 있도록 효율적인 투자 상품을 보험 상품과 연결시켜 주기도 하고, 고객의 인생 주기에 따라 필요한 목돈을 어떻게 마련할 것인지에 대한 정보도 제공합니다. 또한 노후 보장을 위해서는 자금이 얼마나 필요한지, 주택 마련을 위한 대출을 어떻게 해야 하는지 등 다양한 업무를 맡고 있습니다. 따라서 보험설계사가 되려면 금융 전반에 관한 폭넓은 지식을 갖추어야 합니다.

　보험설계사가 되는 데 학력, 성별, 나이 등에 특별히 제한은 없습니다. 다만 최근 들어 보험설계사의 전문성이 강조되면서 외국계 보험회사의 경우 나이와 학력 조건을 제한하기도 합니다. 보험중개사, 보험설계사, 변액보험판매자 등의 자격을 취득하면 업무에 도움이 됩니다.

　보험설계사가 되려면 먼저 생명보험협회와 손해보험협회가 매달 1회 실시하는 보험설계사 자격시험에 합격해야 합니다. 그리고 생명보험, 손해보험, 제3보험의 구분에 따라 각각 금융위원회가 정하는 연수 과정을 이수해야 합니다. 보험회사에서는 자신의 회사 소속 보험설계사를 금융감독위원회에 등록하여 관리합니다.

6 보험계리사(보험상품 개발자)

　보험에는 생명보험, 자동차보험, 암보험, 손해보험, 실손보험 등 다양한 종류가 있습니다. 보험계리사는 보험회사나 보험 관련 기관에서 근무하며, 새로운 보험 상품을 만드는 일을 합니다. 그래서 보험상품 개발자라고도 부릅니다.

　보험계리사는 국내외 보험 상품에 관련된 각종 자료들을 조사해서 통계 자료를 만들고, 소비자심리 및 보험료에 미치는 요인을 분석합니다. 분석 결과를 토대로 국내 사회 환경과 경제 실정에 맞춰 사람들이 필요로 하는 보험 상품을 개발합니다.

　그런데 새로운 보험 상품을 만들기에 앞서 보험에 필요한 것들을 계산해야 합니다. 예를 들면 보험 가입자가 내야 할 적절한 보험료, 사고가 발생했을 경우 내줘

133

야 하는 보험금, 계약 기간이 모두 끝나면 이자를 포함해 돌려줘야 하는 금액 등을 꼼꼼하게 계산합니다. 그 밖에 새로운 보험을 알리는 데 들어갈 비용이나 회사의 이익 등을 검토해서 상품을 개발합니다.

이런 과정을 거쳐 새로운 보험 상품이 개발되면 상품 관련 교육 자료를 만들어 보험을 실제 판매할 보험설계사들에게 교육을 실시합니다. 또한 개발한 보험 상품에 문제가 없는지 확인하고 관리합니다. 더 나아가 가입자들이 내는 보험금을 어디에 투자하면 좋을지 등 투자 분석 업무도 담당합니다.

보험계리사가 갖춰야 할 자질은 보험과 관련된 전문지식을 꿰뚫고 있어야 함은 물론 정확하고 꼼꼼한 계산과 분석 능력입니다. 또한 사람들이 필요로 하는 새로운 보험 상품을 구상하고 개발하기 위해서는 경제·정치·사회·문화 전반의 흐름에 대해 잘 알아야 합니다.

보험계리사가 되기 위해서는 보험계리사 자격시험에 합격해야 합니다. 보험계리사 시험을 보려면 경제학, 회계학, 보험수학, 외국어, 보험입법 등을 공부해야 합니다. 그러자면 대학에서 회계학, 보험학, 경제학, 수학 등 관련 학과를 전공하면 유리합니다.

7 손해사정사

보험과 관련된 각종 사고에 대해 원인이나 손해의 정도를 조사하는 일을 합니다. 보험 가입자에게 사고가 일어나면 사고 원인과 손해 정도를 꼼꼼히 조사한 후, 사고를 낸 사람이 배상해야 할 손해액과 보험 회사가 부담해야 할 보험금이 얼마인지를 결정합니다. 즉 보험 가입자에게 사고로 인하여 손해가 발생했을 때 그 손해액을 결정하고, 보험금을 객관적이고 공정하게 산정하는 업무를 수행하는 것입니다.

손해사정사는 적절한 보험료를 산정하기 위해 먼저 보험 계약자의 보험료 입금 내용 및 보험 계약서에 적힌 이름이나 내용 등을 확인합니다. 그런 다음 사고 발생에 관한 정확한 자료를 수집하여 조사·분석하고, 보상 범위를 결정하기 위해 보상협상사무원의 보고서를 조사하고, 유사한 보험 사례나 판례들을 검토합니다. 그리고 사고현장 조사와 손해 사실을 확인하며, 증거를 수집하여 실제 손해 정도를 판단합니다. 그런 다음 보상 청구의 타당성 여부와 협상이 회사의 관례 및 절차에 따라 이루어졌는지 확인하고, 보험금 청구의 적정성을 심사하기 위해 변호사, 의사 등의 자문을 구합니다. 마지막으로 조사 자료와 보험약관 등을 분석·정리하여 지급해야 할 보험금을 산출하고, 손해사정 보고서를 작성합니다.

손해사정사가 되기 위해서는 금융감독원에서 1년에 한 번씩 시행하는 손해사정사 자격시험에 합격해야 합니다. 시험을 보는 데 특별한 자격 제한은 없지만 대학에서 금융보험학, 경영학, 회계학, 법학 등 관련 학문을 공부하면 도움이 됩니다. 손해사정사 자격을 취득한 후에는 금융감독원, 손해보험회사, 손해보험협회, 손해사정법인, 화재보험회사 등에서 6개월의 실무수습을 받아야 합니다.

손해사정사가 되면 보험회사 혹은 손해사정 법인회사에서 일하거나 개인 사무소를 운영할 수도 있습니다.

손해사정사에게는 사고에 대한 정확한 자료 수집, 조사 및 판단 능력이 요구되며, 통계학적 계산을 신속하고 정확하게 할 수 있는 수리 능력이 필요합니다. 또한 보험회사와 피보험자 간의 이해관계에 얽매이지 않고 공정하고 객관성 있게 업무를 수행할 수 있는 정직성과 책임감도 요구됩니다.

은행원 김기호 | 외환은행 고객관리 팀장

은행 문이 닫히는 것과 동시에 퇴근할 것 같지만
실제로는 학교 다닐 때보다 공부를 더 많이 해야 하는 은행원의 세계.
외환은행 김기호 차장이 털어놓는
국가의 필수기관 은행이 공식 휴일이 아니면 절대 문을 닫을 수 없는 이유!

Q1 은행원을 선택하게 된 배경을 말씀해 주세요.

은행원 중에는 대학시절에 경제 관련 학과를 전공한 사람이 많은데, 저는 한국사를 전공했습니다. 어릴 때 꿈이 은행원이거나 은행에 꼭 들어와야겠다고 생각한 것은 아닙니다. 그러나 여러 가지를 고려했을 때 은행이 일반 회사보다는 제 성격에 맞을 거라 생각해서 선택했습니다. 일반 회사보다는 상사와의 관계가 덜 밀착되어 있고, 비교적 자유로운 편이고, 은행원의 이미지가 깔끔하기 때문에 매력을 느꼈습니다.

Q2 한국에 많은 은행이 있는데, 은행에 따라 업무에 차이가 있나요?

시중은행의 업무는 거의 비슷하지만, 산업은행 같은 국책 은행은 고유의 업무가 있습니다. 기업 상대의 좀 더 큰 대출을 많이 하지요. 일반 은행이 하기 어려운 큰 중공업 설비 같은 국가 기간산업의 대출 등을 담당합니다. 일반 은행이 이런 대출을 아예 안 하는 것은 아니지만 국책 은행이 주로 합니다.

Q3 은행 입사시험도 일반 직장과 비슷한가요? 은행 업무를 담당하기 위해서 필요한 자격증이 따로 있나요?

저는 토익점수와 면접을 보고 들어왔습니다. 은행은 학교 다닐 때보다 공부를 많이 해야 한다는 이야기가 있을 정도로 공부의 양이 많고, 요즘은 요구되는 자격증도 많습니다.

우선 고객에게 펀드와 방카를 판매하려면 필수 자격증이 있어야 합니다. 기업 업무를 담당할 때도 여신심사와 신용분석사 자격증이 있는 것이 훨씬 유리하지요.

다행히 은행이나 증권사들은 사내 교육 프로그램을 잘 갖추고 있습니다. 업무에 관한 연수 프로그램도 있고, 당장 업무에 필요한 건 아니지만 업무에 도움이 되는 자격증이나 파생상품에 대한 프로그램도 있습니다. 은행 업무에 기본적으로 필요한 법과 회계에 대한 프로그램도 준비되어 있지요. 1년에 한두 개씩 신청하면 책을 보내주고 금융연수원에서 전체 은행원들을 관리해 줍니다. 금융연수원 외에도 대외기관이 많습니다. 금융기관 교육을 담당하기 위한 이패스 코리아, 증권투자협회 등이 주관하는 교육 프로그램 등 제도가 잘 정비되어 있습니다. 자격증은 업무뿐만 아니라, 승진을 위해서도 필요합니다. 은행마다 조금씩 다르지만, 인사고과만 보는 것이 아니라 필수 프로그램을 이수해야 승진이 가능합니다.

Q4 은행원이 되려면 대학 때의 전공이 중요한가요? 자격증 공부 외에 주로 어떤 공부를 해야 하나요?

은행원이 되기 위해서 반드시 특정 학과를 전공할 필요는 없습니다. 물론 은행은 기본적으로 회계 지식이 필요한 곳이라서 수학을 잘하는 것이 도움이 되고, 수학을 잘해야 하는 부서도 있습니다. 그러나 특별히 한 과목을 잘하기보다는 두루두루 잘하는 것이 좋습니다.

은행원들은 자격증 외에 기본적으로 법과 회계에 대해 공부하는데, 법은 특히 민·상법과 은행과 관련된 실무법 위주로 공부합니다. 법과 회계 외에 개인 재테크 관련 상품도 공부해야 합니다. 대신 다른 직장에 비해 영어의 필요성은 약합니다. 해외 지점으로 가려면 영어를 잘해야 하지만, 영어가 그렇게 중요하지는 않습니다. 영어를 공부할 시간에 회계나 법을 공부하는 것이 더 도움이 됩니다.

Q5 일반 회사에 부서가 있듯이 은행에도 부서가 있나요? 은행의 일반적인 업무가 궁금합니다.

은행도 기업이므로 본점에는 인사과나 총무부 등의 부서가 있습니다. 지점들을 지도하거

137

나 인력을 관리하고, 은행의 집기나 시설을 관리하지요.

일반 지점에는 담당 부서라기보다는 카드, 수신, 대출, 기업대출 등 각자 맡은 업무가 있습니다. 일반인들은 은행의 업무 중 개인 수신이나 개인 대출 등에 익숙하지만 은행에는 기업 대출, 기업 수출입, 카드 담당 직원도 따로 있습니다. 은행원 스스로 부서나 업무를 선택하기보다는 직원 역량에 따라 맡기는데, 경력이 오랜 남자 직원에게 기업 관련 일을 맡기는 경우가 많습니다.

Q6 은행원들의 하루 일과가 궁금합니다.

창구 직원들은 출근하면 가장 먼저 그날 영업해야 할 돈을 준비합니다. 대출계 직원이면 대출만기가 들어오는 사람들 리스트를 뽑아서 연락하고, 수신계 직원은 만기어음을 정리해야 합니다. 새로 팔고 있는 펀드나 방카 같은 상품 공부도 하고, 팜플렛도 준비해서 아침에 손님이 오면 판매해야 합니다.

요즘은 개인정보보호법이 강해져서 잘 모르는 고객에게 위험한 상품을 판매하는 것을 막기 위한 사전체크 기능도 많습니다. 상담해서 고객 성향에 대해서 따로 조사해야 하고, 새로 고객이 되면 절차에 따라 개인정보를 정리해야 합니다. 범죄로 의심되는 것들이 있으면 보고도 해야 하지요. 그 외에 은행 본연의 상품도 팔아야 하고, 마케팅이니까 마케팅 기록도 해야 합니다. 그리고 고객의 성향을 파악해서 어떤 상품을 팔아야 할지 계획합니다. 은행원들은 내점 고객만 상대하는 것이 아니라 밖에 나가서 고객을 직접 만나기도 합니다. 주로 기업이나 재력 있는 고객을 직접 찾아가서 상품을 소개하고 가입시키지요. 차장 이상의 책임자들은 직원들 관리도 하고, VIP 고객 상담을 담당합니다.

Q7 은행의 상품은 누가 만드나요?

은행에서도 만들고, 자산운용사나 보험사 같은 외부에서도 만듭니다. 보험회사나 자산운용사에서 만든 상품을 팔면 은행은 수수료를 취하고 그쪽에서는 운영해서 이익을 갖게 됩니다. 정부에서 정책적으로 만드는 상품도 있습니다. 예를 들어 중소기업 중에서 '창조경제'를 하는 기업들에게 이자를 싸게 적용해서 빌려주는 상품이 있습니다. 은행이 마음대로 이자를 내릴 수는 없고, 정부에서 금리를 지원해주므로 가능합니다. 은행에서 상품을 개발할 때는 본사 상품과에서 담당합니다.

Q8 은행마다 이자가 다른 이유는 무엇인가요?

은행의 회계는 개인이나 일반 기업과는 반대입니다. 고객의 저축은 은행 입장에서는 빚이고, 대출은 은행의 자산입니다. 이자를 높게 해서 고객 예금을 높게 끌어들이면 대출 이자가 높을 수밖에 없습니다. 반대로 싸게 수신을 하면 대출도 싸게 책정됩니다. 이러한 차이는 은행의 정책이나 처한 상황에 따라 달라질 수 있습니다.

Q9 은행 업무가 예전과 많이 달라졌나요?

예전엔 주로 고객의 예금을 받아서 단순히 대출하는 일을 했습니다. 하지만 지금은 업무가 다양해졌지요. 자본시장통신법이라고 해서 금융기관의 업무가 통합되어 예금과 대출뿐만 아니라 카드 업무나 보험은 물론 파생상품도 다루게 되었습니다. 대신 은행 업무를 뺏긴 것도 있습니다. 원래 수신계좌는 은행에서만 가능했는데, 이제는 증권사에서도 수신계좌를 열 수 있게 되었지요. 업무가 다양해져서 공부를 많이 해야 합니다. 주로 퇴근 후나 주말을 이용하여 공부하고 있습니다.

Q10 사람들이 흔히 하는 은행에 대한 오해는 무엇일까요?

크게 두 가지입니다. 첫째, 은행원들은 4시에 은행 문이 닫히는 것과 동시에 퇴근한다고 생각하는데, 절대 그렇지 않습니다. 은행 문은 4시에 닫지만, 업무를 마무리하면 훨씬 더 늦게 끝납니다. 두 번째는 은행의 주요 업무가 개인 대상이라고 생각하는데, 기업 대상 업무도 많습니다. 보통 개인과 기업의 비율이 반반입니다.

Q11 은행원은 지점을 옮겨 다니며 근무하는데, 그 장단점을 말씀해 주세요.

은행원은 보통 3년 단위로 지점을 옮겨 다닙니다. 은행원은 돈을 만지는 직업이기 때문에 한 곳에 오래 있으면 권력이 생겨서 여러 가지 문제가 생길 수 있습니다. 리스크 관리 측면에서도 책임자를 감시하기 위해서는 이동하는

것이 가장 좋은 방법입니다. 후임자가 오면 어떤 문제가 있다는 것이 밝혀질 수 있기 때문입니다.

일반 회사에서 상사와 관계가 안 좋으면, 몇 년이 아니라 직장 다니는 내내 괴로울 수 있지요. 그러나 은행에서는 지점이 마음에 안 들고 상사와 관계가 불편해도 3년만 참으면 됩니다. 그래서 은행의 최고 장점이 3년마다 지점 이동이라고 말하는 사람도 있습니다. 찾아오는 상사와 동료 직원들이 관계가 친밀하고 지점이 마음에 들어도 옮겨야 하는 것이 단점일 수도 있겠지요.

Q12 은행원을 하려면 어떤 성격이 적합할까요?

사람을 대하는 직업이므로 원만한 인간관계가 중요합니다. 따라서 사람을 대할 때 단점보다는 장점 위주로 보는 성격이 적합합니다. 싫어도 계속 연락하고 만나야하는데 단점만 보이면 힘들겠지요.

또한 주변 사람과 관계를 잘 맺는 사람이 좋습니다. 간혹 인맥을 넓히기 위해 외향적이고 특별한 노력을 하는 사람이 영업에 적합하다고 생각하는 경우가 있는데, 그보다는 기존의 인간관계를 유지하는 것이 더 유리합니다. 새로 관계를 맺는 것보다는 기존의 관계를 유지하면서, 그 안에서 가지치기를 하는 것이 좋습니다. 새로운 인맥을 만들기 위해 노력하는 것도 필요하지만, 평소에도 사람들과 어울리는 것을 좋아하고 꾸준히 연락하는 편이 더 좋다고 생각합니다.

Q13 은행원으로서 자신을 업그레이드하기 위해 무슨 노력을 하나요?

공부와 인간관계 두 가지에 신경 쓰고 있습니다. 은행은 업무가 다양하고, 업무에 변화도 많아서 늘 공부하고 노력해야 합니다. 고객과 돈에 관련된 이야기를 많이 나누기 때문에 매일 경제 관련 신문을 읽으면서 지식을 쌓고 있습니다.

그리고 영업을 하는 직업이기 때문에 사람들과의 관계를 폭넓게 가지려고 노력해야 합니다. 내성적인 사람이 일을 못하는 것은 아니지만, 스스로 많은 사람들을 포용할 수 있는 성격이 되도록 노력해야 합니다. 물론 내성적인 성격이 불리한 것은 아닙니다. 외향적 성격의 사람이 빨리 친해질 수는 있지만, 신뢰감을 덜 줄수도 있거든요. 반대로 내성적인 사람은 처음엔 힘들지만, 신뢰감을 더 줄 수도 있지요. 자신의 성향과 상관없이 많은 사람들과 두루두루 어울리도록 의도적으로 노력해야 합니다.

Q14 은행원의 가장 큰 매력은 무엇이라고 생각하세요? 반대로 아쉬운 점도 있나요?

은행원은 비교적 사회에서 이미지도 좋고, 보수와 대우도 좋은 편입니다. 다만 일반 직장만큼 휴가를 자유롭게 쓰는 것은 불가능합니다. 일반 기업은 직원들 모두가 쉬는 것이 가능하지만, 은행은 불가능합니다. 매일 돌아오는 결제가 있고 어음만기인 회사들이 있기 때문에 공휴일을 제외하고는 은행원 모두가 쉴 수는 없습니다.

Q15 가장 보람을 느낄 때와 힘들 때는 언제인가요?

요즘은 우리나라 금융기관들의 경쟁이 심하기 때문에 실적이 큰 것을 유치했을 때 기쁘고, 일이 마음대로 안 될 때 힘듭니다.

Q16 은행과 은행원에 대한 비전을 말씀해주세요.

은행은 모든 금융기관 중에서 업무 영역이 가장 넓습니다. 증권은 증권 위주로 돌아가고, 보험은 보험 위주로 돌아가지만 은행은 모든 상품을 다 판매할 수 있습니다. 금융기관 중에서 업무 영역이 가장 넓고, 가장 성장 가능성이 높은 기관이지요. 물론 영역이 다양하기 때문에 깊이 들어가기는 힘들지만 노력 여하에 따라 얼마든지 깊이 들어갈 수 있습니다.

그리고 은행은 다른 금융기관보다 비교적 안정적입니다. 주식은 주식의 흐름에 따라 좋을 때도 나쁠 때도 있지만, 은행은 국가 정책상 필수적인 조직입니다. 예를 들어 증권사는 없앨 수 있지만, 은행은 없앨 수 없습니다.

또한 해외로 나가서 영업할 기회도 많습니다. 현재 많은 은행들이 해외에 지점을 설치했는데, 외환은행도 해외에 지점이 30개 정도 있습니다.

Q17 은행원을 꿈꾸는 청소년들이 어떤 것을 준비하면 좋을까요?

다양한 사람을 만나는 직업이기 때문에 책을 많이 읽고, 지식도 많이 쌓고, 많은 분야에 관심을 가지는 것이 좋습니다. 사람들을 만나서 이야기할 기회가 많은데 여러 분야의 지식과 관심이 있다면 대화를 진행해 나가는 데 있어 유리합니다.

Q18 은행원을 꿈꾸는 청소년들에게 조언 부탁드립니다.

창구에 앉아서 은행을 방문하는 손님들만 상대하는 것이 은행원 업무의 전부라고 생각하는데 전혀 그렇지 않습니다. 은행 일은 생각보다 다양하고, 힘들며, 많은 양의 공부가 필요합니다.

은행 업무는 회계를 기본으로 법에 관련된 일이 많기 때문에 여러 분야의 지식이 필요하고, 사람을 만나서 대화하려면 이것저것 아는 것도 많아야 합니다.

많은 사람을 만나야 하는 직업이므로 어릴 때부터 사람들을 포용할 수 있는 성품을 길러야 합니다. 선입견을 가지고 주변 사람들을 대하지 말고 감싸줄 수 있도록 노력해야 합니다.

공인회계사
관습형

C

AICPA

CERTIFIED PUBLIC ACCOUNTANT

공인회계사(관습형)

　　내 용돈을 정리하는 용돈기입장이나 집안의 살림을 정리하는 가계부가 있듯이 기업도 돈을 쓴 모든 거래 사실을 기록하고 보고하는데, 이것을 '회계 업무' 라고 합니다. 그리고 회계 업무는 회계 장부에 기록합니다. 그런데 회계 업무는 매우 복잡하여 일반인이 하기에는 매우 어렵기 때문에 장부 관리와 세금 업무를 대신 수행해 주는 공인회계사에게 맡깁니다. 공인회계사는 기업의 씀씀이가 장부와 맞아떨어지는지 맞춰 보는가 하면, 기업이 어떻게 돌아가고 얼마나 튼튼한지를 다양한 관점에서 분석하는 일을 합니다. 기업들의 관계가 복잡해지고 경제 규모가 커지면서 공인회계사가 하는 일도 점점 다양하고 복잡해지고 있습니다.

01 공인회계사 이야기

CERTIFIED
PUBLIC
ACCOUNTANT

1 공인회계사란?

공인회계사가 무엇인지를 알기 위해서는 먼저 '회계'란 무엇인지 알아야 합니다. 회계란 개인이나 기업이 수입이나 지출 등 돈과 관련된 모든 사실을 기록하고 관리하는 업무를 말합니다. 가정에서 가계부를 쓰는 것과 마찬가지입니다. 그런데 가계부는 부모님이 정리해도 될 정도로 간단하지만 수입과 지출의 규모가 큰 회사의 돈 거래를 기록하는 일은 매우 복잡하고 까다롭습니다. 그래서 기업에서는 회계 전문가인 공인회계사에게 맡겨 회사의 재정 상태나 영업 실적, 수입과 지출 등을 일목요연하게 정리하여 주주나 투자자에게 공개합니다.

공인회계사의 '공인'이라는 뜻은 국가로부터 인정을 받았다는 것으로, 공인회계사가 되려면 국가에서 시행하는 공인회계사 시험에 합격해야 합니다. 합격 후에 2년의 수습기간을 거치면 정식으로 공인회계사로 등록이 가능해집니다.

Tip

공인회계사는 기업의 경영 상태를 파악하여 자문을 해 주기도 하며, 기업이 돈을 제대로 사용하고 있는지 조사하는 감시자이자 조언자입니다.

2 공인회계사가 하는 일

공인회계사라고 해서 다 똑같은 일을 하는 건 아닙니다. 경제 규모가 커지고 다양해지면서 공인회계사의 업무도 세분화되고 있는데, 크게 회계감사, 세무, 경영 컨설팅의 세 가지로 나눌 수 있습니다.

1) 회계 감사

회계 감사는 공인회계사가 하는 가장 기본적인 업무이자 중요한 업무로, 법적 자격을 갖춘 공인회계사만이 할 수 있는 일입니다.

기업이나 단체에서는 매년 적어도 한 번 이상은 수입과 지출을 계산하여 서류로 작성하는 결산 업무를 합니다. 그리고 회사의 재정 상태와 경영 실적을 기업과 관계된 사람들에게 알릴 의무가 있습니다. 공인회계사는 기업에서 이런 결산을 제대로 했는지 알아보기 위해 회계 감사를 실시합니다.

　기업들이 작성한 회계 서류를 재무제표라고 하는데, 회사가 투자자 등 외부 이해관계자에게 회사의 재무 정보를 제공하는 수단으로 재무제표를 사용합니다. 공인회계사는 기업이 재무제표를 제대로 작성했는지, 빼거나 더한 것은 없는지 확인하고 잘못된 점은 고칩니다. 기업들이 재무제표를 제대로 작성하지 않았다면 거짓정보 때문에 손해를 보는 사람들이 생기게 됩니다. 이런 피해를 막고 기업의 경제 상태에 대한 정확한 진단을 위해 회계 감사가 꼭 필요합니다.

　감사를 맡게 된 공인회계사는 재무제표를 검토한 후 감사보고서를 제출하는데 이를 금융감독원에 제출한 후 일반에게 공개합니다. 이는 법적 효력을 지니기 때문에 공인회계사의 감사 보고는 법적인 책임도 지닙니다.

2) 세무

　개인이나 기업은 돈을 번 만큼 세금을 내야 합니다. 법인세, 소득세, 부가가치세 등 각종 세금과 관련된 업무를 해야 하는데, 공인회계사는 기업의 세금 관련 업무를 대신해 줍니다. 납세 신고서를 작성하거나 세금에 대해 상담, 지도, 세금 소송 등을 해 줍니다.

　원래 기업과 개인의 세금 관련 업무를 대신 해주는 '세무사'라는 직업이 따로 있습니다. 하지만 공인회계사 시험에는 세무와 관련된 항목도 있으므로 2012년까지는 공인회계사 시험에 합격하면 세무사 자격증도 함께 주어졌습니다. 지금은 세무사 자격증을 자동으로 주지는 않지만 대부분의 공인회계사들이 세무사 자격증도 함께 따서 일하고 있습니다.

　그런데 기업 입장에서는 세무사보다는 공인회계사에게 세무 업무를 맡기는 것을 선호합니다. 공인회계사는 세무뿐 아니라 회계 감사와 경영 컨설팅 등 종합적인 업무를 수행할 수 있으므로 다양한 도움을 받을 수 있기 때문입니다.

3) 경영 컨설팅

　기업에서 돈이 들어오고 나가는 일은 매우 중요합니다. 공인회계사

Tip

1997년 IMF 사태 이후 회계사들의 업무 영역이 크게 확대되었습니다. 우리나라 금융시장이 외국인 투자자에게 크게 개방됐고, 우리나라 기업의 상황을 잘 알고 있는 공인회계사들의 능력이 필요하게 된 것입니다.

Tip

대형 회계법인은 삼일, 안진, 삼정, 한영 총 4곳이며, 회계사 수는 삼일이 약 2,000명, 안진과 삼정은 각각 1,000명 이상을 보유하고 있습니다. 중소형 회계법인의 회계사 수는 300명에서 10명까지 아주 다양합니다.

는 기업이 돈을 효과적으로 관리하고, 더 나은 경영 전략을 세울 수 있도록 자문을 해 줍니다.

기업은 일정 기간 동안의 경영 성과나 일정 시점의 재무 상태를 재무제표로 작성하고, 공인회계사들은 이 재무제표를 해석, 분석하고 진단하여 기업의 문제점이나 현재 상태를 진단하고 미래를 예측해 줍니다. 또한 기업의 새로운 사업 계획서를 검토하거나 경영 기획 전략을 세우는 데 도움을 주고, 인수 합병 등에 대한 경영 자문도 해 줍니다.

3 공인회계사의 근무 환경

공인회계사 시험에 합격하면 대부분 회계법인에 취업합니다. 그 밖에 일반 기업이나 공공기관에 취업하기도 합니다.

회계법인은 대형 회계법인과 중소형 회계법인으로 구분됩니다.

대형 회계법인은 많은 공인회계사 수를 보유하고 있어서 인력의 효율적인 활용을 위해 풀링 시스템(pooling system)을 이용하고 있습니다. 풀링 시스템이란 단기간의 짧은 프로젝트가 많을 경우에 프로젝트에 참여하는 구성원을 프로젝트 팀장이 직접 뽑아서 진행하는 것을 말합니다. 프로젝트가 끝나면 또 다른 프로젝트에 뽑혀서 업무를 수행하게 되므로 매주 프로젝트 구성원이 바뀌게 되는 시스템입니다. 따라서 초보 공인회계사일수록 매주 바뀌는 팀원의 성향을 파악하고, 눈치 있게 행동해야 합니다.

대형 회계법인의 공인회계사들의 80% 이상은 외부에 나가서 일을 하기 때문에 사무실의 효율적인 사용을 위해 지정된 자리가 없으며, 대학도서관처럼 먼저 사무실에 출근한 사람이 좋은 자리를 선점할 수 있습니다.

공인회계사는 1년의 대부분을 외부에서 업무를 진행하기 때문에 항상 정장 차림에 넥타이를 하고, 노트북을 소지하고 다닙니다. 많은 기업들이 지방에도 있어 지방 출장도 많고, 기업의 글로벌화에 따라 해외 출장도 자주 다닙니다.

Tip

공인회계사들은 대부분 함께 공부를 했던 학교 선후배 사이입니다. 많은 회계법인에 선후배들이 있어 회계법인 간의 네트워크가 아주 견고합니다. 한 회계법인에서 무슨 일이 발생하면 다른 회계법인에 근무하는 공인회계사들에게 1시간 안에 소문이 날 정도입니다. 따라서 어디를 가든 언행을 조심해야 합니다.

4 직업 전망

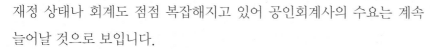

매년 약 천 명의 공인회계사가 새로 배출되고 있으며, 이들 중 90% 이상이 취업이 됩니다. 소득 역시 높아서 초봉이 4천만 원 가량 됩니다. 이처럼 공인회계사는 고소득에 안정성도 높은 전문직입니다. 또한 경제가 성장함에 따라 기업의 재정 상태나 회계도 점점 복잡해지고 있어 공인회계사의 수요는 계속 늘어날 것으로 보입니다.

또한 일반 기업체는 물론 은행이나 증권사, 신용평가사 등의 금융업계에서도 공인회계사를 고용하는 추세이며, 공공 기관에서도 공인회계사 채용을 늘리고 있습니다. 때문에 최근에는 공인회계사의 약 30% 가량이 회계법인이 아닌 다른 영역에서 활동하고 있습니다.

이렇듯 공인회계사의 기본적인 업무 영역이 보장된 가운데 다른 영역까지 확장돼 가고 있는 요즈음, 깨끗한 기업을 원하는 사회적 요구가 늘어날수록 공인회계사들의 업무는 늘어날 것이며, 그들이 가지고 있는 전문성과 특수성은 더욱 확대될 것입니다. 따라서 공인회계사의 직업 전망은 매우 밝다고 할 수 있습니다.

Tip

최근 늘어난 외국과의 자유무역협상(FTA) 역시 공인회계사에게 큰 호재 중 하나입니다. 외국과의 교역이 늘어날 때 외국에서 한국 기업이나 상품에 대한 평가를 할 수 있는 것은 결국 기업에 대한 평가입니다. 그리고 그 평가를 내릴 수 있는 것은 공인회계사들입니다. 때문에 최근에는 기업들이 자발적으로 감사를 받는 경우도 많습니다.

02 공인회계사의 직급

회계법인의 공인회계사들은 각각 직급이 있습니다. 주로 스텝, 인차지, 매니저, 파트너 등으로 나뉩니다.

1) 스텝(step)

공인회계사 시험 합격 후 회계법인에서 수습 과정을 거치는 1~2년차를 말합니다. 이들은 정식 공인회계사로 등록되기 전 인턴 과정으로 회계법인 안에서 일을 하지만 감사 등 업무에 대한 법적 책임을 지지는 않습니다. 스텝은 실무를 배우기 위해 팀에 들어가 인차지(incharge, 책임자)나 매니저(manager) 등 선배의 업무를 보조하며 실무 능력을 익힙니다.

스텝 과정 2년을 보낸 후 공인회계사회에서 실시하는 시험을 봐야 합니다. 이 시험에 합격해야 정식 공인회계사로 인정을 받게 됩니다.

2) 인차지(incharge)

실무 책임자를 뜻하는 말입니다. 팀을 구성하는 중요한 자리로서 팀을 이끌어 감사를 실시하고, 회계감사 이후 자신의 이름으로 감사보고서를 작성하여 제출합니다. 감사보고서의 분량은 기업마다 다르지만 중소기업의 경우 30~40페이지, 대기업의 경우 150페이지 정도에 이릅니다. 공인회계사가 쓴 감사보고서는 기업의 한 해 실적이나 기업의 가치를 판단하는 중요한 근거 자료가 됩니다.

3) 매니저(manager)

매니저는 중간관리자로서 경력 10년차 내외가 되면 될 수 있습니다. 매니저는 대형 회계법인에만 있는 직급으로 인차지들이 담당하는 여러 팀의 관리를 맡습니다. 즉 각 팀의 업무 진행 사항을 파악하고, 인사나 업무 조정 등을 합니다. 중소 회계법인의 경우 매니저의 일을 인 차지와 파트너가 나눠서 하게 됩니다.

4) 파트너(partner)

공인회계사의 꽃이라 불리는 직급으로, 회계법인의 지분을 가진 주 인에 해당합니다. 15년차 내외의 경력이 되어야 오를 수 있는 자리로 40대 정도 되어야 가능합니다.

파트너는 회계법인에 투자할 수 있는 권한을 갖게 되고, 이 권한이 생기면 회계법인에 투자를 하고, 실적에 따라 배당을 받게 됩니다.

파트너의 가장 큰 매력은 높은 연봉이라 할 수 있습니다. 대형 회계 법인의 파트너가 되면 1억 원 이상의 연봉에 배당금까지 받게 됩니다. 그 밖에 자동차와 병원비, 자녀 학자금 등도 지원받는 등 복지 혜택도 많습니다.

하지만 높은 연봉과 다양한 복지 혜택을 받는 만큼 큰 책임이 따르는 자리이기도 합니다. 부하직원들이 한 회계감사 등의 최종 책임을 지는 것은 물론 회계감사 자료가 부실할 경우 소송을 당할 수도 있습니다. 만약 부실감사로 판명이 되면 법적인 책임과 함께 재산상의 책임도 함 께 집니다.

이렇듯 파트너는 공인회계사의 꽃 이자 가장 큰 책임을 지는 회계법인 의 핵심입니다.

03 책과 영화 속에서 만나는 공인회계사

1 관련 책

1) 〈회계사가 말하는 회계사〉 강성원 외 지음. 부키. 2013

대형 회계법인에서 일하고 있는 15명의 공인회계사들이 허심탄회하게 털어놓은 공인회계사들의 생활 보고서입니다. 공인회계사가 되어 현장에서 부딪치며 겪는 어려움이나 애환, 그리고 보람들을 솔직하게 써 놓아 일반인들이 잘 모르는 공인회계사의 생활을 알 수 있습니다. 공인회계사를 꿈꾸는 청소년들에게 유익한 참고도서가 될 것입니다.

2) 〈회계 천재가 된 홍대리〉 손봉석. 다산라이프. 2013

영업팀에서 회계팀으로 지원한 직장인 홍대리가 좌충우돌하며 비로소 회계의 눈을 뜬다는 내용을 쉽고 재미있는 소설 형식으로 풀어쓴 책입니다. 이 책은 독자들로 하여금 이른바 '회계바람'을 일으켰을 정도로 큰 인기를 얻었습니다. 회계에 대한 지식이 부족한 직장인들의 필독서 중 하나가 되었으며, 저자는 언론 인터뷰와 강의 요청이 쇄도할 정도로 큰 관심을 받았습니다.

이 책은 회계에 대해 잘 모르거나 어렵다고 느끼는 일반인은 물론 경제학과나 경영학과, 회계학과, 통계학과 등의 경상계열을 지원하는 청소년들에게도 많은 도움이 될 것입니다.

3) 〈여회계사 사건수첩〉 야마다 신야 지음. 랜덤하우스코리아. 2005

공인회계사의 세계를 소설의 형태로 풀어쓴 책입니다. 숫자로 나열된 기업체의 결산 자료를 감사하는 공인회계사의 딱딱한 모습을 마치 추리소설처럼 표현했습니다. 특히 공인회계사의 눈을 통해 회계조작의 실태가 얽힌 실타래가 풀리듯 깊이 있고 긴장감 있게 전개되는 점 때문에 잠시도 눈을 뗄 수가 없습니다. 뉴스를 보며 공금횡

령 사건이나 주가조작 사건, 비자금 조성, 유령회사 등 곧잘 들리는 기업체의 비리나 부정부패에 한번쯤 관심을 가졌던 독자라면 미모의 여자 공인회계사가 형사 콜롬보처럼 풀어가는 회계 감사에 푹 빠지게 될 것입니다.

2 관련 영화 및 드라마

1) 〈프로듀서스〉

2007년 미국에서 개봉한 코미디 영화입니다.

한때 잘나갔지만 지금은 만드는 작품마다 실패하는 뮤지컬 제작자 맥스의 사무실에 비용 결산을 위해 공인회계사 레오가 찾아옵니다. 장부를 정리하던 레오는 어느 날 뜻밖의 이야기를 던집니다. '투자금을 모아 하루 만에 공연을 망하게 하면 제작자는 오히려 거액을 챙길 수 있다.'는 것입니다. 이 말에 속은 맥스는 레오와 함께 브로드웨이에서 가장 형편없는 뮤지컬을 만들겠다는 음모를 세우지만 만든 작품은 오히려 최고의 히트작이 됩니다.

이 영화 속에서 공인회계사는 회사의 안 좋은 재정 상태를 확인하고 일부러 망하게 하자는 아이디어를 내는 코믹한 설정이지만, 실제 이런 공인회계사는 있어서는 안되겠지요? 이렇게 한 기업의 재정 상태를 파악하고 위기를 탈출할 방법으로 투자자를 속이려는 음모를 꾸미는 일은 범죄 행위입니다. 공인회계사의 직업적 특징과 능력을 엿볼 수 있는 이 영화는 우리나라에서는 뮤지컬로도 만들어져 큰 인기를 끌었습니다.

2) 〈이중장부 살인사건〉

2007년 KBS에서 방영한 단막극 드라마로, 기업의 부정회계와 그 비리를 파헤치는 공인회계사의 이야기를 다루고 있습니다.

대기업의 분식회계 사실이 발표된 후, 그 기업의 감사를 맡은 공인회계사 강용주가 변사체로 발견됩니다. 그리고 이 사건을 취재하던 방송국 피디는 이것이 정·재계가 연루

Tip

분식회계란 기업이 재정 상태나 경영 실적을 실제보다 좋게 보이게 할 목적으로 장부를 조작하는 것을 말합니다. 매출액을 늘린다거나 지출액을 줄여서 건강한 기업처럼 보이게 해 투자자들을 속이는 것으로, 회계사들은 이런 분식회계를 하지 못하게 감사를 해야 합니다.

된 대형 비리사건임을 알게 됩니다. 이 과정에서 기업이나 비자금 형성 등에 공인회계사가 어떤 역할을 했는지, 그리고 그 증거 자료를 회계 자료로 어떻게 남겼는지를 알 수 있습니다.

이 드라마는 우리나라에서 쉽게 만나볼 수 없는 공인회계사를 다룬 드라마로, 공인회계사들의 실상을 리얼하게 담았으며, 공인회계사들의 역할과 사회적 책임에 대해 다시 한 번 생각하게 합니다.

3) 〈감사법인〉

2008년 일본 NHK에서 방송된 드라마로, 공인회계사들의 모습이 섬세하게 그려져 많은 인기를 끌었습니다.

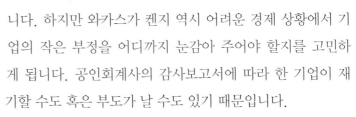

주인공 와카스가 켄지는 독학으로 공부하여 공인회계사 자격증을 딴 입지전적인 인물입니다. 늘 옳음만을 추구하던 와카스가 켄지는 존경하던 감사법인의 전 사장이 분식회계를 허용하는 모습을 보고 실망합니다. 하지만 와카스가 켄지 역시 어려운 경제 상황에서 기업의 작은 부정을 어디까지 눈감아 주어야 할지를 고민하게 됩니다. 공인회계사의 감사보고서에 따라 한 기업이 재기할 수도 혹은 부도가 날 수도 있기 때문입니다.

이 드라마를 통해 공인회계사의 회계감사가 한 기업에 얼마나 큰 영향을 끼치는지를 알 수 있으며, 이에 따른 공인회계사의 책무에 대해 다시 한 번 생각해 볼 수 있습니다.

Tip

공인회계사들은 보통 10월이 되면 바빠지기 시작해서 1월 중순부터 감사가 끝나는 3월 말까지 제일 바쁩니다. 워낙 할 일이 많아 매일 야근을 하며 휴일에도 사무실에 출근을 하여 밀린 일들을 해야 합니다. 설날에도 출근을 하는 경우가 많아 대부분의 공인회계사들은 설날에도 고향에 가지 못합니다.

04 공인회계사는 무슨 일을 할까?

공인회계사의 업무는 월별로 달라서 일 년 중 회계감사나 세무신고 기간인 1~3월이 가장 바쁩니다. 이 기간에 기업들은 전년도에 작성한 재무제표를 감사하고 3월 말까지 감사보고서를 금융감독원에 제출해야만 합니다. 지금부터 바쁜 시기인 1~3월의 공인회계사의 하루를 따라가 보기로 합니다.

Tip

외국의 회계사들은 한국의 회계사들처럼 단기간에 엄청난 강도의 업무를 하지 않고, 1년 동안 나누어 업무를 할 수 있습니다. 우리나라 기업의 결산월이 대부분 12월인 이유는 기업 관리 및 세금 확보 편리 등 공무원의 편의를 위해 일괄적으로 12월로 정했으며, 요즘에 신설되는 기업들도 결산월을 12월로 정하고 있는 추세입니다. 결산월이 분산되어 있다면 회계사들의 업무가 1~3월에 몰리는 일은 없을 것입니다.

 일을 의뢰한 외부 업체로 바로 출근합니다. 일반 기업들의 출퇴근 시간이 9시 전후이기 때문에 기업 담당자들이 공인회계사들에게 줄 자료를 정리하고 업무 파악을 할 시간을 주기 위해서 공인회계사들은 조금 늦게 출근합니다.

 기업들이 준비한 재무제표를 검토하며 문제가 없는지 확인합니다. 재무제표 외에도 기업 통장의 입출금 내역을 확인하거나 기업이 보유하고 있는 현금이나 수표도 일일이 확인합니다.

 의뢰한 기업의 직원이나 대표와 점심식사를 합니다.

오전에 했던 업무를 이어서 하거나 기업의 창고에 보관된 상품이나 공장에 있는 기계 설비를 확인합니다. 이렇게 많은 일을 하다 보면 자연히 퇴근시간이 늦어집니다. 퇴근시간은 6시로 정해져 있지만 야근을 하는 경우가 많습니다.

05 공인회계사가 되기 위해 필요한 능력

1 꼼꼼함

공인회계사의 보고서 한 장은 한 기업의 운명을 좌지우지하기도 합니다. 그리고 공인회계사의 보고서의 기본이 되는 것은 숫자입니다. 숫자 하나, 0 하나를 잘못 쓰면 보고서에 커다란 오류가 생기기 때문입니다. 만약 공인회계사가 회계 장부를 꼼꼼히 확인하기 못해 문제가 생긴다면 기업뿐 아니라 공인회계사 본인에게도 커다란 책임이 따르게 됩니다. 때문에 작은 것 하나 빠뜨리지 않은 꼼꼼함이야말로 공인회계사에게 요구되는 기본적인 능력입니다.

2 강한 체력

공인회계사 시험에 합격한 초보 공인회계사들은 대부분 대형 회계법인에 들어가기를 원합니다. 연봉이 높고 복지 혜택도 많기 때문입니다. 하지만 그만큼 업무량도 많습니다. 특히 1월부터 3월까지 이어지는 시즌 기간의 업무량은 상상을 초월합니다. 대부분의 공인회계사들이 하나의 업무가 아닌 여러 가지 업무를 동시에 진행해야 하므로 9시 30분쯤에 출근하여 야근은 물론 새벽 3~4시까지 일하는 경우가 허다합니다. 게다가 주말에도 쉬지 못하고 일을 하는 경우가 많습니다. 또한 고객들과의 회식이나 지방 출장도 잦기 때문에 강한 체력은 필수 조건입니다.

3 원만한 대인관계

공인회계사들은 주로 팀 단위로 일을 합니다. 혼자 할 수 있는 일은 거의 없으며 최소 3~4명, 많게는 20명 가까이 함께 움직입니다. 이렇듯 함께하는 협동 시스템이다 보니 서로 간의 커뮤니케이션이 매우 중요합니다. 때문에 함께 일하는 사람들을 배려하고 협력할 수 있는 원만한 대인관계가 중요한 요소입니다.

또한 업무의 80% 이상이 외부 기업에서 이루어지므로 외부 기업들과의 관계도 아주 중요합니다. 감사 시즌에 함께 일을 하면서 소통하는 것은 물론 비시즌에도 지속적으로 좋은 관계를 유지해야 합니다. 기업에서 회계나 세무에 대해 문의해 오면 귀찮다고 생각하지 말고 성실하고 친절하게 답변해 주어야 합니다.

Tip

많은 여성 공인회계사들이 3~4년이 지나면 대형 회계법인에서 나와 중소 회계법인으로 옮기는 이유 중에 하나가 체력 때문입니다. 중소 회계법인의 경우 업무 강도가 약해지기는 하지만 지방 출장이나 시즌에 바쁜 것은 대형 회계법인과 마찬가지이므로 비시즌 기간 동안 틈틈이 체력을 키워 놓아야 합니다.

이렇듯 원만한 대인관계 능력은 공인회계사로 성공할 수 있는 기본적인 자질입니다.

4 학습 능력

공인회계사 시험에 합격하여 자격증을 얻었다고 해서 공부가 끝난 것은 아닙니다. 회계와 관련된 법규가 지속적으로 개정되고 변화하기 때문에 공인회계사들은 업무에 필요한 법규를 끊임없이 습득하고 공부해야 합니다.

또한 공인회계사들은 다양한 종류의 기업에 나가 회계감사를 해야 하므로 해당 분야에 대한 전문적인 지식이 필요합니다. 예를 들어 영화제작사의 감사를 맡게 되면 영화제작 한 편에 사용되는 금액이나 배우들의 개런티, 해외에 판매될 때의 저작권료나 판권에 대한 비용과 국제법적 기준 등을 파악하고 있어야 합니다.

이렇듯 끊임없이 공부하여 전문지식을 쌓고 노하우를 축적해야만 능력 있는 공인회계사로 인정받을 수 있습니다.

Tip

2011년 국제회계기준이 도입되면서 회계사들은 새로운 규칙을 가지고 업무를 해야만 합니다. 국제회계기준은 기존에 사용하던 것보다 복잡하고 세밀한 조건들을 요구하고 있어 공인회계사들은 공부를 많이 해야 합니다.

5 영어 능력

공인회계사 시험에 합격하기 위해서는 일정 수준 이상의 영어 실력이 되어야 합니다. 토플 IBT 71점, PBT 530점, CBT 1,974점 이상, 토익 700점 이상 및 텝스 625점 이상이 되어야 공인회계사 시험을 치를 수 있는 자격이 주어집니다.

공인회계사가 된 다음 효율적인 업무를 위해서도 영어 능력은 중요합니다. 최근 세계화 경향에 발맞추어 영어권 기업들이 우리나라에도 많이 들어와 활동하고 있으므로 이들과 계약을 맺고 감사하기 위해서는 영어 능력이 필요합니다. 뿐만 아니라 영어로 감사보고서를 쓰는 경우도 많기 때문입니다.

Tip

엑셀 프로그램은 윈도의 그래픽 환경에서 수식 작성과 계산이 편리해 기업의 세무계산이나 보고서, 학교의 성적 관리, 가계부 등 광범위하게 활용되는데 회계사들도 많이 사용하고 있습니다.

6 엑셀 능력

공인회계사의 업무는 숫자와의 싸움이라 할 수 있습니다. 그런데 이 싸움을 할 때 중요한 무기가 있습니다. 바로 엑셀 프로그

램입니다. 엑셀 프로그램을 이용하면 숫자를 기입했을 때 여러 가지 계산은 물론 그래프 만들기 등 여러 가지 작업을 편리하게 할 수 있습니다. 기업들의 재무제표 역시 상당 부분 엑셀로 이루어지고 있으므로 엑셀을 잘 사용할 수 있다면 업무를 보다 효율적으로 할 수 있습니다.

06 공인회계사의 장단점

1 장점

1) 고소득 전문직

공인회계사의 업무는 법령에 따라 금융감독원에서 규정한 시험에 통과한 공인회계사만 할 수 있습니다. 때문에 공인회계사들만이 할 수 있는 업무 범위가 보장되어 있습니다. 게다가 이런 전문성을 기반으로 다양한 기업 지식을 쌓아 더 많은 분야로 뻗어 나갈 수 있습니다. 할 수 있는 일은 무궁무진하게 많으면서 그에 맞는 대우를 받을 수 있다는 것이 가장 큰 장점일 것입니다.

2) 고용의 안정성

공인회계사는 회계법인을 그만두더라도 소규모의 로컬 회계법인을 개업할 수 있습니다. 따라서 일반 회사원들처럼 정리해고 등의 고용 불안에서 벗어날 수 있습니다.

3) 직업적인 자부심

공인회계사는 기업의 재무제표를 보면서 미래의 경제를 예측할 수도 있습니다. 또한 기업의 위험을 경고해 주기도 하고, 기업이 생존하는 데 어떤 처방이 필요한지를 알려주는 역할, 기업의 부정을 찾아내는 역할도 합니다. 한 마디로 공인회계사는 우리 기업들이 발전할 수 있도록 도움을 주고, 결과적으로 국가 경제 발전에도 도움을 준다는 점에서 자부심을 가질 수 있는 직업입니다.

4) 유연한 상하 관계

공인회계사 사회는 상하 관계가 엄격하지 않은 편입니다. 의사나 판사, 검사 등의 전문직에 종사하는 사람들에 비해 선후배 관계가 유연한 편이지요. 그래서 서로를 칭할 때 아랫사람이라고 하대를 하지 않습니다. 대부분 서로를 회계사님이라고 부르며 존칭합니다. 이것은 공인회계사들이 가진 지위와 관련이 있습니다. 공인회계사가 기업과 일을 할 때는 각각 법적인 책임을 지고 있으며, 담당 회계에 대해서만큼은 가장 큰 관할 능력을 가지고 있기 때문에 서로를 존중해주는 것입니다.

5) 사회적인 명예

공인회계사에 대한 사람들의 인식은 매우 높습니다. 의사, 변호사, 변리사 등과 함께 전문직으로서 존경 받는 직업입니다. 기업의 입장에서는 공인회계사가 쓴 감사보고서에 따라 정부의 지원이나 투자자의 판단이 달라질 수 있으므로 공인회계사에 많이 의지하게 됩니다.

2 단점

1) 바쁜 업무

공인회계사의 가장 큰 단점은 바쁘다는 것입니다. 특히 대형 회계법인에서 일하면 개인적인 시간을 갖기가 힘듭니다. 더구나 1~3월의 시즌에는 야간은 물론 주말에도 일해야 하고, 어쩌다 6시에 정시 퇴근하는 것은 아주 드문 일입니다.

이렇게 근무 강도가 세다 보니 대형 회계법인에서 다른 곳으로 옮기는 공인회계사들이 아주 많습니다. 대형 회계법인에 입사한지 4년이 지나면 절반이 옮기고, 10년이 지나면 한두 명 남아 있을까말까 할 정도입니다.

2) 법적인 책임

만약 공인회계사가 중대한 실수를 한다면 법적인 책임을 지게 될 수 있습니다. 한 예로 유명 연예인이 수입을 적게 신고해 문제가 된 사건이 있었습니다. 이 유명 연예인의 회계 업무를 도왔던 공인회계사는 직무정지 1년을 선고받아 일 년 동안 일을 할 수 없게 됐습니다.

이 사건뿐 아니라 공인회계사가 제대로 감사를 못 해서 문제가 발생한 경우에도 법적인 책임을 집니다. 저축은행의 감사를 하면서 부실을 눈감아준 공인회계사의 경우 법원에서 실형을 선고 받은 경우도 있고, 기업 감사가 부실해 투자자들이 피해를 입었다고 공인회계사에게 소송을 걸어 손해배상을 해준 경우도 있습니다.

이렇게 공인회계사에게 법적 책임을 묻는 것은 그만큼 공인회계사의 업무가 중요하다는 것을 뜻합니다. 공인회계사가 기업의 부정을 눈감아 주게 된다면 선의의 피해자들이 생기는 만큼 공인회계사들은 정직하게 업무를 수행해야 합니다.

3) 잦은 외근과 출장

공인회계사라고 하면 많은 사람들은 책상에 편히 앉아서 키보드를 두드리는 일을 할 거라고 생각합니다. 하지만 실제로 공인회계사의 일상은 그렇지 않습니다. 공인회계사들은 계약 맺은 기업들의 감사를 위해 외근을 하는 경우가 많습니다. 기업들이 서울뿐 아니라 전국 각지에 퍼져 있으므로 공인회계사들은 전국의 기업들을 찾아가 일을 합니다. 공인회계사들은 늘 노트북과 출장 준비를 해 가지고 다니기 때문에 '보따리 장수'라는 별명으로 불리기도 합니다.

07 공인회계사가 되기 위한 과정

1 중·고등학교 시절

공인회계사가 되려면 대학에서 회계학, 경영학, 경제학 등을 공부해야 합니다. 그런데 이런 상경계열 학과들은 경쟁이 치열해 들어가기가 쉽지 않습니다. 따라서 중·고등학교 시절 공부를 열심히 하여 좋은 성적을 유지해야 합니다.

또한 경제나 회계 관련 독서도 꾸준히 하고, 학교에 경제 관련 동아리가 있다면 가입하여 활동하는 것이 좋습니다. 책을 많이 읽고 동아리 활동을 열심히 해 두면 대학 수시모집에서 매우 유리합니다.

2 대학교 시절

대학에서는 회계학, 경영학, 경제학, 세무 관련 학과를 전공하면 유리합니다. 2007년 개정된 법에 따르면, 대학교에서 회계학 및 세무 관련 과목 12학점, 경영 관련 과목 9학점 이상, 경제학 3학점 이상 이수자나 이수로 인정된 경우에만 공인회계사 시험 응시가 가능합니다. 따라서 공인회계사에 관심을 가지고 있다면 대학 시절에 관련 학점을 이수해야 합니다.

관련 과목 학점 외에도 공인영어성적도 챙겨야 합니다. 공인회계사 시험에서 영어는 공인영어성적으로 평가를 대체하고 있습니다. 영어 성적의 자격 요건은 토플 IBT 71점, PBT 530점, CBT 1,974점 이상, 토익 700점 이상 및 텝스 625점 이상입니다. 이러한 자격 요건을 먼저 충족해야만 공인회계사 시험에 응시하여 자격증을 딸 수 있으므로 영어 공부도 열심히 해 두어야 합니다.

또한 경제나 회계 관련 책을 많이 읽고, 관련 동아리에 가입하여 활동하는 것이 좋습니다. 회계 관련 동아리에는 공인

회계사를 꿈꾸는 친구들이 있어 함께 시험 준비도 하고 친분을 쌓으면서 든든한 인맥을 구축할 수도 있습니다.

3 취업 후 수습 기간

공인회계사 시험에 합격했다고 바로 공인회계사가 되는 것은 아닙니다. 합격 후 회계법인에 입사해 2년간 수습기간을 거쳐야 합니다. 이 기간 중에는 법인 내에서 팀을 이뤄 실무를 배우는 것과 함께 공인회계사회에서 실시하는 수업을 받아야 합니다.

기본실무과정 연수는 수습 1년차 공인회계사를 대상으로 사이버교육과 집합교육으로 구성되어 있습니다. 수습 공인회계사는 기본실무과정 연수 100시간을 이수하고 종합시험에 합격해야 정식 공인회계사회에 등록할 수 있습니다.

공인회계사 자격증을 딴 후에는 회계법인이나 정부기관, 금융기관, 일반 기업체 등에서 일하며, 개인 사무소를 내는 경우도 있습니다.

4 미국 공인회계사(AICPA) 자격증

최근 미국 공인회계사, AICPA가 주목을 받고 있습니다. 미국 공인회계사는 우리나라가 아닌 미국공인회계사협회에서 시행하는 시험에 합격해 미국 기업 회계감사 업무를 볼 수 있는 자격을 가진 사람을 말합니다. 우리나라의 공인회계사(CPA)보다 합격이 쉬우며 업무 영역도 다양합니다.

미국 공인회계사 시험에 합격하면 미국의 기업만을 감사할 수 있고, 우리나라 기업의 회계감사는 할 수 없습니다. 다만 국내에서 컨설팅 자문이나 국제 조세 업무는 할 수 있습니다.

미국 공인회계사는 우리나라의 공인회계사가 갖는 법적 지위나 업무 영역이 다릅니다. 국내외 기업의 인수 합병, 외국 기업의 투자자문 등의 컨설팅 업무와 자유무역협정(FTA)에 따른 조세문제 등 국제 조세 업무를 주로 담당합니다.

5 공인회계사 꽃인 파트너에 도전

공인회계사가 오를 수 있는 가장 높은 자리는 바로 파트너입니다. 파트너는 회계법인에서 수익의 일정 지분을 갖는 준경영인에 해당합니다. 예를 들어 한 회계법인이 업체를 감사해서 수수료로 10억 원을 받았다고 하더라도 연봉 5천만 원인 공인회계사는 해당 월급만 받을 뿐입니다. 하지만 회계법인에 지분이 있는 파트너라면 기본 연봉 외에 회계법인의 실적에 따른 배당을 더 받을 수 있습니다. 따라서 일정 지분을 가진 파트너의 연봉은 수억 원에서 수십억 원에 이르는 경우도 있습니다.

이렇게 고수익이 보장되는 파트너인 만큼 그 자리에 오르는 것도 힘이 듭니다. 대형 회계법인의 경우 아주 극소수의 공인회계사만이 파트너 자리에 오를 수 있습니다.

6 개업

2년의 수습기간을 마치고 정식 공인회계사가 되면 개업을 해서 자신만의 사무실을 열 수도 있습니다. 하지만 연차가 낮은 공인회계사들이 개업을 해서 성공하기란 매우 어렵습니다. 대부분의 공인회계사들은 10년 정도 회계법인에서 일을 배우면서 능력을 쌓고, 인맥을 넓힌 다음 개업을 합니다. 개업을 할 때는 혼자가 아니라 3~5명이 팀을 꾸려서 하게 됩니다.

이렇게 작은 회계법인을 로컬이라 부릅니다. 로컬의 경우 영업 능력이 바로 연봉이 됩니다. 여러 기업들과 계약을 맺어 일이 많아지면 로컬 회계법인의 파트너 역시 고액의 연봉을 받을 수 있을 뿐 아니라 정년퇴직이 없기 때문에 노후까지 일할 수 있습니다.

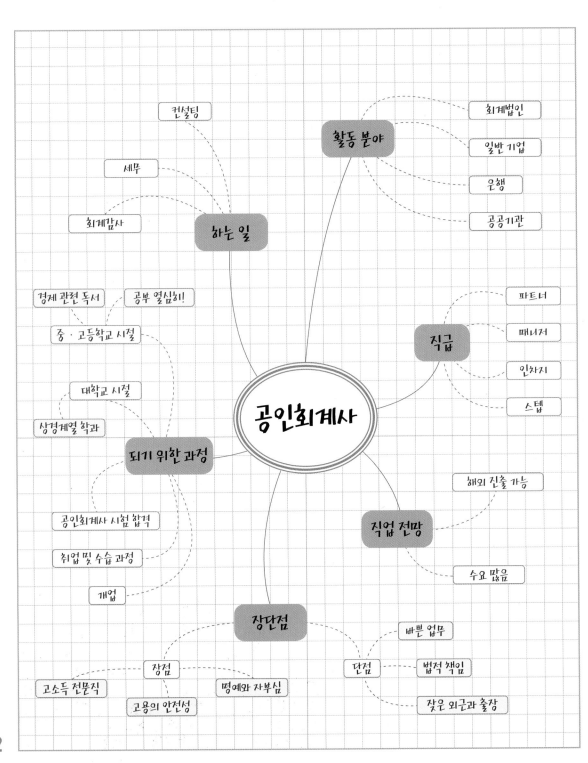

- 컨설팅
- 세무
- 회계감사
- 하는 일
- 활동 분야
  - 회계법인
  - 일반 기업
  - 은행
  - 공공기관
- 경제 관련 독서
- 공부 열심히!
- 중·고등학교 시절
- 대학교 시절
- 상경계열 학과
- 되기 위한 과정
- 직급
  - 파트너
  - 매니저
  - 인차지
  - 스텝
- 공인회계사 시험 합격
- 취업 및 수습 과정
- 개업
- 공인회계사
- 직업 전망
  - 해외 진출 가능
  - 수요 많음
- 장단점
  - 장점
    - 고소득 전문직
    - 고용의 안전성
    - 명예와 자부심
  - 단점
    - 바쁜 업무
    - 법적 책임
    - 잦은 외근과 출장

09 공인회계사와 관련하여 도움 받을 곳

1 직업 정보를 얻을 수 있는 기관

●금융감독원 공인회계사 시험(http://cpa.fss.or.kr) 금융감독원에서 관리하는 공인회계사 시험 관리 사이트입니다. 시험 안내, 원서 접수, 합격자 발표 등 공인회계사 시험과 관련한 모든 내용을 안내합니다.

●한국공인회계사회(http://www.kicpa. or.kr) 공인회계사가 되고 나서 해야 할 교육 등을 담당하고 있으며, 공인회계사 업무에 대한 전반적인 내용, 법령 개정 등을 고지합니다. 한국공인회계사회 홈페이지를 통해 공인회계사들의 업무나 진출, 방향 등을 알아볼 수 있습니다.

●고용노동부 워크넷(http://www.work.go.kr) 한국고용정보원에서 운영하는 사이트로, 무료로 직업 심리 검사를 이용할 수 있습니다. 직업 정보 검색, 직업 · 진로 자료실, 학과 정보 검색 등의 정보를 제공하며 직업 · 학과 동영상, 이색 직업, 테마별 직업 여행, 직업인 인터뷰 자료를 볼 수 있습니다. 온라인 진로 상담 서비스도 제공합니다.

●커리어넷(http://www.career.go.kr) 한국직업능력개발원이 운영하는 사이트로, 초등학생부터 성인, 교사에 이르기까지 대상별로 진로 및 직업 정보를 제공하며 온라인 상담도 할 수 있습니다. 심리 검사를 무료로 이용할 수 있으며, 학생들이 만든 UCC 자료도 무료로 제공하고 있습니다.

2 직업 체험 프로그램

● 교육부 산하 꿈·끼 찾기 직업 체험(http://kids.moe.go.kr) 아이들이 궁금해할 만한 직업, 새롭게 뜨는 직업, 이색 직업 등 다양한 직업에 대해 알기 쉽게 소개하고 있습니다. 이 직업 체험을 하고 나서 교육부에서 주관하는 창의적 체험 활동에 참여하면 더욱 효과적입니다.

● 교육부 산하 창의적 체험 활동(http://kids.moe.go.kr) '아이 한 명을 키우는 데는 마을 전체가 나서야 한다.'는 취지로 설립된 어린이 체험학습 및 창의적 체험 활동 프로그램입니다. 21세기가 요구하는 창의적 미래 인재를 양성하기 위해 기업·대학·공공기관 등 사회가 보유한 인적·물적 자원을 유치원, 초등학교, 중·고등학교 교육 활동에 직접 활용할 수 있도록 다양하고 수준 높은 교육 기회를 제공하고 있습니다. 각 지역별로 특색에 맞는 다양한 체험 프로그램이 준비되어 있으니 미리 신청하면 선택하여 참여할 수 있습니다.

● 코리아잡스쿨(http://www.kojobs.co.kr) 학생들이 직업 체험 프로그램에 참가하여 접하기 어려운 직업을 미리 탐색할 수 있고, 직업 세계에 대한 이해를 넓힐 수 있습니다. 또한 특정 직업에 대한 편견을 버리고 건전한 직업관을 세우는 데 도움이 될 수 있습니다.

10 유명한 공인회계사

1 강성원(1948~)

2012년 제41대 한국공인회계사회 회장으로 취임한 후 2014년 연임에 성공하였습니다. 현재 대형 회계법인인 삼정회계법인의 부회장입니다.

강성원은 서울대 상대를 졸업하고 행정고시에 합격한 후 국세청 사무관으로 10여 년 간 일을 했습니다. 국세청 사무관으로 엄격한 기준에 따라 문제를 해결해 왔던 그는 정형화되고 꽉 막힌 공무원 생활이 아닌 보다 창의적이고 도전적인 일을 하고 싶어 39세의 늦은 나이에 공인회계사 시험에 도전하여 합격했습니다.

늦깎이 공인회계사가 된 강성원은 기업의 회계감사를 하면서 기업의 가치를 평가하고 잘못된 회계기록들을 수정하여 기업이 변화하는 것을 보는 것을 큰 보람으로 느꼈습니다. 현재 70세에 가까운 나이에도 지칠 줄 모르는 열정과 리더십으로 후배 공인회계사들의 존경을 한 몸에 받고 있습니다.

2 배준호

지체장애 2급의 장애인으로 두 손과 두 다리를 자유롭게 사용하지 못하는 신체적 불리함을 극복하고 30년째 공인회계사로 활동 중입니다.

어린 시절부터 두 다리가 약했던 배준호는 초등학교 때까지 어머니의 등에 업혀서 학교에 다녀야 했고, 5학년 때 세브란스 병원 내 특수학교인 재활학교에 다니면서 2년에 4번의 수술을 해 겨우 설 수 있었습니다. 하지만 중학교에 들어가는 것조차 쉽지 않았습니다. 어렸을 때부터 공부하는 것을 좋아했던 배준호는 중학교 입학을 거절당하자 좌절에 빠졌습니다. 그때 한 재활학교 교장선생님이 그의 잠재력과 열정을 알아보고 이미 정원이 찬 재활학교에 입학할 수 있도록 해 주었습니다. 어렵사리 공부할 기회를 갖게 된 배준호는 열심히 노력하여 늘 좋은 성적을 유지하였습니다.

하지만 고등학교 졸업 후 또다시 시련이 닥쳤습니다. 물리학에 관심이 많아 이과에 진학하고 싶었지만, 당시 이과에서는 장애인을 거의 받아주지 않았습니다. 고민 끝에 상경대학에 진학하기로 결심했고, 연세대학교 경영대학 응용통계학과에 수석으로 합격했습니다.

대학 시절에 공인회계사라는 직업에 대해 매력을 느낀 배준호는 공인회계사 시험을 준비하여 당당히 합격했습니다. 그런데 또다시 문제가 생겼습니다. 공인회계사가 되기 위해서는 실무 연수를 받아야 하는데 어떤 회계법인도 장애가 있는 그를 받아주지 않았던 것입니다.

회계법인에 들어갈 수 없었지만 공인회계사라는 꿈을 포기할 수 없었던 배준호는 새로운 도전을 합니다. 중앙대 약대에 다시 들어간 것입니다. 약대 졸업 후 약국을 개업해 돈을 벌면서 다시 공인회계사 시험에 응시하여 합격했지만 이번에도 회계법인에서는 그를 받아주지 않았습니다. 배준호는 약국을 운영하는 틈틈이 회계법인에 다니는 선배들을 찾아다니며 실무를 익혔습니다. 그렇게 실력을 쌓은 후 자신의 회계사무소를 개업했고, 그렇게 바라던 공인회계사가 되었습니다.

그러나 단기간의 실무교육으로 무작정 차린 회계사무소는 마음처럼 잘 되지 않았습니다. 하지만 배준호는 자신의 꿈을 포기하지 않았고, 그의 진심을 아는 주변 사람들의 도움으로 점차 자리를 잡아 나가 결국 성공에 이르렀습니다.

배준호는 몸이 불편해서 남의 도움을 받는 것을 부끄럽게 여기지 않았습니다. 그리고 지금은 다른 사람들에게 받았던 도움보다 훨씬 더 많은 사람들을 도우며 장애인들의 희망이 되고 있습니다.

3 서준혁

서준혁은 2005년 최연소(만 20세)로 합격한 공인회계사입니다. 시험 준비 2년 만에 합격해 최연소 합격자라는 타이틀까지 얻었지만 공인회계사가 되기까지 쉽지 않은 시간을 보냈습니다.

서준혁은 중학교 1학년 때 갑작스럽게 아버지가 돌아가셨고, 외로움을 이기기 위해 춤을 배웠습니다. 춤을 추며 아버지를 잃은 공허함을 달랜 서준혁은 춤으로 성공하겠다는 목표를 세우고 열심히 춤 연습을 했습니다. 그리고 댄스팀 오디션을 보게 됐고 합격까지 했습니다.

학교가 끝나면 바로 연습실로 달려가 새벽 6시까지 춤을 췄고, 춤으로 어느 정도 인정을 받아 중학교 3학년 때는 방송 출연의 기회까지 얻었습니다. 이렇게 춤에 빠져 살던 서준혁은 고등학교 1학년 때 갑자기 의문이 생겼습니다. '이렇게 계속 춤을 추면 행복하게 살 수 있을까?' 하는 의문이었습니다. 하지만 그 답을 쉽게 찾을 수 없었습니다.

깊은 고민에 빠진 서준혁은 결국 다시 공부를 시작했습니다. 고등학교 1학년인데도 인수분해를 모를 정도로 학습능력이 떨어져 있는 상태였습니다. 하지만 좌절하지 않고 그런 자신의 상태를 받아들이고 무조건 열심히 공부했습니다. 모르는 것이 많기 때문에 채워 가기만 하면 됐습니다.

그렇게 열심히 공부한 결과 숭실대에 합격할 수 있었고, 대학에 들어간 후 새로운 꿈을 가지고 공인회계사에 도전하기로 마음먹었습니다. 이후 시험 공부를 위해 휴대전화도 없애고 사람들과의 연락도 끊은 채 공부에만 파고들었습니다. 마음이 흔들리고 집중이 안 될 때면 삭발을 했습니다. 삭발을 하면 외출할 일이 줄어들어 자연히 공부할 시간이 늘어났습니다. 이렇게 2년간 공부한 결과 공인회계사 시험에 합격할 수 있었고, 최연소 합격자라는 타이틀까지 얻게 되었습니다.

공인회계사 자격증을 딴 후 회계법인에서 일하던 서준혁은 또 다른 도전을 하게 됩니다. 미국 네브래스카 주립대학에 교환학생으로 가게 된 것입니다. 회계법인에서 근무할 당시 한 임원이 '성공하려면 영어를 잘해야 한다.'는 조언을 해준 것이 자극제가 되었습니다. 미국에서 공부를 하던 그는 대출까지 받아 두 번이나 교환학생 기간을 연장했습니다. 영어 능력만큼은 확실히 키워서 돌아가고 싶었기 때문입니다.

미국에서의 생활은 그에게 큰 영향을 주었습니다. 단순히 영어 능력뿐 아니라 고위경영학 과정인 MBA 과목을 수강하며 회계 및 다른 분야의 지식을 더 쌓을 수 있었습니다. 누구보다 적극적으로 수업에 참여했고, 좋은 학점도 얻을 수 있었습니다.

귀국 후 회계법인에서 일하던 그는 다시 새로운 도전을 합니다. 회계법인이 아닌 금융회사에 들어간 것입니다. 그리고 이곳에서 기업회계사로 일하면서 기존의 회계 업무 외에 사업 계획을 짜고, 인수합병 대상자를 선정하는 등 새로운 일에 도전하고 있습니다.

11 이 직업을 가진 사람에게 듣는다

공인회계사 강호준 | 안진회계법인 근무

두 자리 수 곱하기 계산을 암산으로 하는,
숫자 갖고 놀기를 좋아하는 강호준 공인회계사가 말하는
공인회계사가 되기 위해 준비해야 할 일들

Q1 공인회계사를 선택한 배경이 궁금합니다.

군대 가기 전에 공인회계사 공부를 시작했지만, 진로에 대해 깊게 생각해보고 시작한 건 아니라서 잠깐 하다가 그만뒀습니다. 목표나 진로에 대한 고민 없이 무조건 공부하는 것은 옳지 않다는 생각이 들었지요.

제대 후에 진로에 대해 고민하면서 많은 생 각을 했습니다. 보통 경영학과를 졸업하면 일반기업이나 투자회사, 공기업, 금감원 같은 곳에 많이 들어가는데, 공인회계사 자격증을 따면 회계법인뿐만 아니라 기존의 회사에도 들어갈 수 있어서 전망이 좋다는 생각이 들었습니다.

무엇보다 제가 숫자에 강하고, 숫자를 가지

고 노는 것을 좋아해서 적성에도 잘 맞았습니다. 경영학과 공부가 공인회계사 시험과 겹치는 부분이 많아서 공부하는 것도 크게 어렵지는 않았습니다. 반드시 공인회계사가 되겠다는 생각보다는, 붙으면 자격증을 하나 더 딴다는 생각으로 준비했습니다. 본격적으로 시험을 준비하면서 힘들기도 했지만, 적성에 잘 맞는 편이라서 재미있게 공부했습니다.

Q2 공인회계사 시험은 고시라고 불릴 정도로 힘들다는데, 공부의 양이 궁금합니다.

합격한 사람들 중에 '하루에 몇 시간 이상 몇 년 동안 공부했다.'며 어마어마한 공부의 양을 강조하는 경우가 있는데, 제 생각에 그런 사람들은 경영학을 전공하지 않았을 가능성이 큽니다. 비경영학 전공자들은 회계원리라는 기초적인 과목부터 시작해야 하므로 공부의 양이 많을 수밖에 없습니다. 하지만 경영학을 전공한 사람들은 학교 수업을 통해서 공인회계사 시험에 필요한 기본적인 공부를 했기 때문에 다른 학과를 전공한 사람들에 비해 유리합니다.

앞서 말씀드린 것처럼 저는 입대 전에 잠깐 공부하고, 졸업하고 본격적으로 준비했습니다. 공인회계사 공부는 수학적 지식이 많거나 수학적으로 타고난 재능이 있는 사람은 비교적 공부하기가 쉽습니다. 수학을 잘하면 기간도 단축될 수 있습니다. 시험 과목 중에 재무관리처럼 수학 실력이 많이 요구되는 과목도 있으므로 수학적 지식이 미흡한 사람은 아무리 열심히 공부해도 합격하기 힘들 수 있습니다.

Q3 공부하면서 제일 힘들었던 점은 무엇인가요?

공부는 자기와의 싸움입니다. 저는 공부 자체보다는 공부하면서 느끼는 외로움이 더 힘들었습니다. 혼자 공부해도 외롭고, 스터디를 통해 친구들과 함께 공부해도 외로웠습니다. 그래도 스터디를 짜서 함께 공부하는 것이 바람직하다고 생각합니다. 스터디를 하면 경쟁도 돼서 계속 긴장하게 되고 상대적으로 덜 외롭습니다. 스터디는 학교의 고시반에서 구성해 주는 경우도 있고, 학원을 다니면서 스터디에 들어갈 수도 있습니다.

공부 방법은 개인의 특성에 따라 선택하는 것이 좋습니다. 저는 학원을 다니기보다는 동영상 강의를 들으면서 공부했습니다. 저는 조금 특이하게 PC방에서 공부했는데, 게임도 하고 동영상 강의도 들으면서 공부하는 편이 독서실이나 학원보다 제게 맞았습니다. 절대적인 방법은 없으므로 자기에게 맞는 공부 방법을 선택해서 열심히 하는 것이 가장 좋습니다.

Q4 공인회계사의 하루 일과와 주요 업무를 말씀해 주세요.

회계 업무에는 여러 가지가 있지만 크게 감사, 컨설팅, 세금 파트로 나눌 수 있습니다. 부서마다 조금씩 다르지만, 담당하는 고객사가 있는 공인회계사들은 프리랜서와 비슷합니다. 특히 감사 업무를 하는 공인회계사들은 대부분 고객사에 나가서 일합니다.

주요 업무 역시 부서마다 조금씩 다르지만, 일반 공인회계사의 기본 업무는 회사의 재무제표라는 장부가 주주와 직원 등 이해관계에 있는 사람들이 봤을 때 신뢰할 수 있는지 증명해 주는 역할을 합니다. 이 일이 공인회계사의 기본 업무입니다.

컨설팅 파트는 M&A나 토지 등의 구입 시에 그 가치를 평가하는 일을 합니다. 세금을 담당하는 공인회계사들은 회사의 세금을 계산해 주는 일을 합니다. 세금 파트 공인회계사의 주요 업무는 세금을 덜 내도록 돕는 것이 아니라, 세금을 합법적으로 낼 수 있도록 도와주는 일입니다. 개인이 아무것도 모르는 상태에서 세금을 냈다가 이중 공제로 나중에 가산세를 낼 수도 있습니다. 회사 역시 법대로 하지 않고 자기 마음대로 세금을 내면 가산세를 낼 수 있고, 특정 금액이 넘으면 벌금을 낼 수도 있습니다.

공인회계사는 고객사에 혼자 가는 경우는 거의 없습니다. 감사 업무는 고객사의 규모에 따라, 많으면 6~7명이, 적으면 1~2명 정도가 함께 갑니다. 컨설팅은 5~6명 정도 가고, 세금은 보통은 2~3명, 많으면 5~6명이 가서 업무를 봅니다.

Q5 공인회계사 자격증을 취득한 후의 진로를 말씀해 주세요.

공인회계사 자격증이 있다고 해서 반드시 회계법인에 들어가는 건 아닙니다. 공인회계사 자격증 취득 후에 일반회사나 공기업에도 들어갈 수 있기 때문에 선택의 폭이 넓습니다. 공인회계사 자격증이 있으면 입사할 때 가산점을 주고, 근무할 때 수당을 주는 회사들도 있습니다.

우리나라에는 이른바 빅펌이라는 서너 개의 큰 회사를 포함하여 수많은 회계법인이 있습니다. 현재로서는 회계법인의 전망이 좋은 편은 아닙니다. 회계법인은 을로서 서비스를 제공하는 입장인데, 최근에 갑인 기업들의 경기가 좋지 않기 때문이지요.

하지만 공인회계사 자격증 소지자의 전망은 좋습니다. 취업할 때 가장 중요한 영어 실력이 부족하더라도, 공인회계사 자격증이 있으면 회계법인이 아니어도 들어갈 수 있는 곳이 많습니다. 더군다나 공인회계사 시험과 공기업, 금융회사 등의 시험이 비슷하기 때문에, 설사 시험에 떨어져도 다른 진로를 준비하기가 쉽지요. 그러나 전망이 좋다고 해서 수학 실력이 부족하거나 적성에도 맞지 않는데도 공부하는 것은 옳지 않습니다. 덧붙여서 공인회계사 자격증에 영어 실력까지 갖추면 선택의 폭이 굉장히 넓어집니다.

Q6 공인회계사로서 자신을 업그레이드하기 위해서 어떤 노력을 하고 있나요?

저는 현재 세금 파트에서 일하고 있습니다. 국가의 세금 정책이 매년 바뀌기 때문에 국가 정책 기사를 관심 있게 지켜봅니다. 하지만 이런 정보는 회계법인 데이터베이스에 다 뜨기 때문에 준비가 그렇게 어렵지 않습니다.

저는 공인회계사 본업에도 신경 쓰지만, 영어 공부에 많은 신경을 쓰고 있습니다. 저뿐만 아니라 공인회계사들 대부분은 영어 공부를 열심히 합니다. 국내에 진출한 외국계 회사들

171

이 많아졌기 때문에 영어를 잘하면 승진과 이직에 유리합니다.

최근에는 외국계 회사가 클라이언트인 경우가 많아졌습니다. 하지만 공인회계사 중에 네이티브는 거의 없기 때문에, 회사마다 미국 공인회계사를 뽑거나 단순히 영어 잘하는 사람을 뽑아서 영문 계약서 번역이나 의사소통을 돕는 일을 맡기기도 합니다. 그런데 영어 능통자가 갑자기 그만둘 수도 있고, 급할 때는 외국인 클라이언트가 직접 전화도 하기 때문에 영어 공부를 미리미리 해두는 것이 좋습니다.

Q7 공인회계사로서 갖춰야 할 직업 윤리나 능력을 말씀해 주세요.

가장 중요한 건 고객사의 비밀 유지입니다. 특히 한국에 들어온 외국계 회사는 정보 유출에 굉장히 민감합니다. 그리고 요즘은 외국계, 한국계 구분 없이 비밀 유지가 기본입니다. 또 공인회계사로서 당연히 성실해야 하고, 본인이 감사 업무를 담당한다면 공정해야겠지요. 처벌을 떠나서 공인회계사로서 스스로에게 공정한 것은 기본입니다.

능력에 관해서는 지식과 그 지식을 잘 표현하고 활용하는 능력이 필요합니다. 잘 알고 있더라도 상대방에게 제대로 전달해줄 수 없으면 의미가 없습니다. 그리고 숫자를 볼 수 있는, 즉 숫자를 읽어내는 감각이 중요합니다. 공인회계사는 어떤 파트에 상관없이 재무제표를 보면 바로 분석이 나와야 합니다. 쉬운 예를 들면 재무제표에 작년 매출은 1억이고, 올해는 3,000만 원이라는 것을 보는 동시에 매출이 70%가 줄었다는 계산이 나와야 합니다. 즉, 재무제표에 나온 숫자만 보고도 기업의 위기를 예측할 수 있어야 합니다.

저는 두 자리 수 곱하기가 암산으로 가능합니다. 이런 능력은 노력이라기보다는 타고나는 것입니다. 따라서 수학에 재능이 있거나 흥미가 있는 학생이 나중에 공인회계사로서 일할 수 있습니다. 수학을 특출하게 잘할 필요는 없지만, 흥미가 없으면 힘듭니다. 개인적으로 어려운 문제에 계속 도전하는 끈기도 중요하지만, 어려운 수준의 문제를 풀어 보고 싶다는 수학에 대한 호기심과 흥미가 공인회계사의 일에 도움이 된다고 생각합니다.

Q8 공인회계사는 어떤 성격의 사람에게 잘 맞는다고 생각하세요?

무엇보다 숫자에 흥미가 있고, 숫자 가지고 노는 것을 좋아하는 사람이어야 합니다. 또 일의 특성상 꼼꼼한 사람에게 맞고, 계속해서 클라이언트를 만나야 하기 때문에 사교적이고 활동적인 사람에게 잘 맞습니다.

그리고 순발력도 중요합니다. 공인회계사는 고객사와 일하는 기간이 짧습니다. 그래서 고객사가 갑자기 뭔가를 요구할 때, 순발력 있게 대처하고 빠르게 답해야 할 때가 많아서 순발력이 중요합니다. 그러나 기본적으로 성실하고 노력하는 사람들은 대처가능한 일이기 때문에 특별하게 자신의 성격이 공인회계사 일에 적합한지 고민하지 않아도 됩니다.

Q9 공인회계사로 일하면서 기억나는 에피소드가 있나요?

아무래도 밤새워가면서 마감했던 일들이 가장 기억에 남습니다. 여자친구와 만나기로 약속해서 여자친구가 회사 앞까지 왔는데 갑자기 검토해야 할 자료가 생겨서 돌려보내고 밤새 일한 일도 기억에 남습니다.

회계법인의 특성상 고객사 방문을 위해 지방에 가는 경우도 있는데, 제주도에 가서 클라이언트들과 맛있는 음식을 먹은 것도 기억에 남습니다. 요즘은 고객사의 일로 화성에서 지내고 있습니다. 모텔에서 혼자 지내고 있는데, 아침을 먹을 만한 식당이 없어서 매일 아침 빵집에 가서 아침을 먹습니다. 제가 교회에 다니는데, 모텔에서 혼자 성경을 읽는 제 자신이 낯설기도 합니다.

고객사 중에 작은 회사들도 꽤 있는데, 클라이언트 중에는 직원이 네 명인 사장님도 있습니다. 고객사가 작으면 간혹 혼자 담당할 때도 있는데, 고객사에 나가서 저보다 연륜이 한참 많은 사장님들의 경험담을 들으면서 일하는 것도 재미있습니다.

공인회계사 일을 하면서 기본적으로 회사나 업무에 기대를 너무 많이 하면 안 됩니다. 일은 항상 많고, 늘 힘들거든요. 하지만 좀 힘들더라도 열심히 일하다 보면 좋은 추억으로 남는 것 같습니다.

Q10 공인회계사로서 일하면 어떤 점이 힘든가요?

부서마다 힘든 점이 다르겠지만 전체적으로는 비슷합니다. 감사 업무를 하는 공인회계사들은 육체적으로 많이 힘듭니다. 마감이 몰려 있는 1월~3월은 밤을 꼬박 새우거나 새벽 3~4시까지 밤샘 작업할 때가 많습니다.

컨설팅 파트도 육체적으로 힘들긴 마찬가지입니다. 고객사에서 회사를 인수하거나 토지나 건물을 구입 시에 가치를 측정해 달라고 요청하는데, 보통 검토 기간을 짧게 주기 때문에 밤을 새워 일해야 합니다.

육체적으로도 힘들지만, 고객사들 요구와 컴플레인 등을 들어주는 것도 쉽지는 않습니다. 승진하면 영업도 해야 하는데 이것 역시 어렵습니다.

Q11 공인회계사의 장점은 뭐라고 생각하세요?

공인회계사의 업무는 프리랜서와 비슷한 개념이기 때문에 쉬고 싶을 때 쉴 수 있고, 다른 직장에 비해 상하간의 소통이 자유롭습니다. 보통 회사에서는 말단 사원이 대리한테는 자신의 의견을 낼 수 있어도, 차장이나 부장급에게는 자신의 의견을 내기 힘들지요. 그런데 회계법인은 말단이 상무한테도 자신의 의견을 자유롭게 말할 수 있는 분위기가 형성되어 있습니다. 또 밖에서 일하는 경우가 많아서 상대적으로 이직도 쉬운 편입니다.

Q12 공인회계사로서 보람을 느끼거나 희열을 느낄 때는 언제인가요?

고등학생이 어려운 수학문제 풀었을 때 느끼는 희열과 비슷합니다. 법에 맞춰서 고객사에 적절하고, 좋은 조언을 해줬을 때 보람을

173

느낍니다.

제가 곧 결혼하는데 고객사의 클라이언트가 먼저 연락해서 청첩장을 보내 달라고 하면, 그들에게 좋은 인상을 준 것 같아서 기분이 좋습니다.

그리고 일반 회사에서는 5년차가 되도 개인이 크게 책임질 일은 없습니다. 하지만 공인회계사는 책임지고 일합니다. 고객사들이 질문하거나 조언을 구할 때, 제가 제시하는 의견이나 답변은 저 자신의 것으로 끝나는 것이 아니라 곧 회사의 의견이 되거든요. 그래서 고객사들이 질문하면 주말에라도 찾아서 꼭 답변을 해 주어야 합니다. 간혹 제가 근무하는 회계법인의 파트너들에게 도움을 구하기도 하지만, 가능하면 스스로 책임지고 답변하기 위해서 노력합니다. 책임진다는 것이 부담도 되지만 보람이 크고 스스로 많이 배우게 되어 좋습니다.

Q13 공인회계사를 꿈꾸는 청소년들이 미리 준비해야 할 것이 있을까요?

공인회계사가 적성에 맞을지 안 맞을지도 모르는데, 고등학교 때부터 공인회계사가 되기 위한 준비를 하는 건 어렵다고 생각합니다. 대학교에 들어가서 수업을 들어보고 결정해도 늦지 않습니다. 대학에서 공부할 때 일반적으로 중급회계까지는 다 재미있어 하지만, 세법이나 재무관리법에서는 달라집니다. 이 두 수업도 재미있고 흥미를 느끼면, 공인회계사 공부를 계속할지 고민해 보고 결정하면 됩니다. 만약 고등학생 때부터 뜻을 정하고 비전 있

는 공인회계사가 되기 위한 준비를 하고 싶다면 운동도 열심히 하고 사교성을 기르라고 말하고 싶습니다. 내성적이고 말수가 적어도, 억지로라도 말을 많이 하고 친구를 만드는 것이 좋습니다. 공인회계사는 계속해서 사람을 만나는 직업이므로 사교성이 중요합니다.

또 영어 공부를 해 두었으면 합니다. 현재 국내에 외국계 회사가 많이 들어와 있으므로 영어를 잘 하는 사람과 그렇지 못한 사람은 선택의 폭이 달라집니다. 수능영어 같은 공부가 아니라, 회화나 〈틴 타임스〉, 〈코리안 타임스〉 같은 신문과 책을 읽으면서 영어에 관심을 갖고 꾸준히 노력하기 바랍니다.

청소년 시절부터 신문을 꾸준히 읽으면서 상식을 쌓는 것도 좋습니다. 저는 제대하고 나서부터 지금까지 계속 경제신문을 읽고 있습니다. 고객사에 나가서 클라이언트와 이야기할 때 친구가 아니기 때문에 대화의 주제는 서로가 아는 공통 화제로 갈 수밖에 없습니다. 신문은 상식을 얻는 데 가장 적합한 도구입니다. 저는 경제 상식을 얻기 위한 것뿐만 아니라 세상의 흐름에 뒤처지지 않고 트렌드를 따라가기 위해서라도 경제신문을 읽습니다. 청소년 시절부터 신문을 읽는 습관을 익히면 정말 많은 도움이 될 것입니다.

마지막으로 경영학 관련 도서를 읽을 것을 권하고 싶습니다. 경영학 도서를 읽으면 경영의 전반적인 것에 대한 심도 있는 지식을 습득할 수 있습니다. 인터넷으로 접하는 단순한 사실이나 지식과는 비교가 되지 않기 때문에 시간 날 때 틈틈이 읽어 두면 좋습니다.

Q14 앞으로 공인회계사로서의 계획이나 꿈을 말씀해 주세요.

저는 거창한 계획이나 큰 꿈은 없습니다. 굳이 회계법인에서 일하고 싶은 고집도 없습니다. 외국 회사나 로펌, 또는 일반 회사라도 상관없습니다. 어느 곳이든 제 전공을 살려서 열심히 일하고 싶습니다.

물론 가장 좋은 것은 회계법인에서 파트너가 되어 일을 하는 것이지만, 예전에 비해 파트너가 되는 것이 어려워졌습니다. 또 파트너가 되면 영업을 해야 하는데, 영업이 쉽지도 않고 저는 아직까지 영업을 할 자신이 없습니다.

저는 일과 가정을 함께 챙길 수 있는 직장에서 일하고 싶습니다. 아무리 좋아하는 일을 해도 가족들을 챙길 수 없다면 소용없다고 생각하거든요. 공인회계사로서 자신의 역량을 펼치면서 가족도 돌볼 수 있는 직장을 찾는 것이 제 바람입니다. 또한 고객사를 위해 늘 열심히 일하고 전문성 있게 답변해 주는, 인간적으로 괜찮은 공인회계사로 기억에 남고 싶습니다.

비서
관습형

Computer Programmer

Public Official

Teller(Bank Clerk)

Certified Public Accountant

SECRETARY

SECRETARY

비서(관습형)

비서라고 하면 상사 옆에서 자질구레한 업무를 보조해 주는 사람으로 생각하기 쉽습니다. 그러나 비서는 기업의 CEO나 정치인, 외교관 등을 보좌하면서 상사가 더 효과적이고 능률적으로 일할 수 있도록 돕는 일을 합니다. 때로는 상사에게 필요한 조언을 하는 등 믿음직한 참모의 역할도 하지요. 유명한 정치가나 CEO 옆에는 늘 유능한 비서가 함께합니다.

01 비서 이야기

SECRETARY

1 비서란?

미국의 GE(제너럴 일렉트릭)의 잭 웰치 회장은 '이 사람'을 자신에겐 없어서는 안 될 비밀병기로 여겼고, BOA(뱅크 오브 아메리카)의 행장은 '이 사람'이 은퇴할 때가 되었음에도 불구하고 남아달라고 요청해 60세가 넘는 나이까지 함께 일했습니다. 앞서 말한 사람들은 잭 웰치 회장의 비서 로잔 배더우스키와 BOA 행장실의 수석비서 이금자입니다.

비서는 기본적으로 자신이 모시는 상사의 업무가 원활히 이루어질 수 있도록 기획하고 조정 및 보좌하는 일을 합니다. 상사가 출장을 갈 때는 비행기 티켓 예약, 호텔 예약, 여행 계획 정리, 필요한 자료와 물품을 챙기는 일 등을 합니다. 회의가 있을 때는 회의실을 예약하고, 참석자들에게 정보를 제공하며, 차와 다과를 준비하고, 회의가 끝난 후에는 회의록을 작성하여 상사에게 보고합니다. 또한 평소에 업무 관련 정보를 수집하여 필요한 순간에 상사에게 신속하게 보고하며, 문서와 전화, 방문자 등을 검토해서 보고하는 등 사무 업무도 처리합니다.

이러한 기본적인 업무 외에도 상사와 가장 가까운 사람으로서 다양한 사람들의 의견을 상사에게 효율적으로 전달하는 매개체 역할도 하고, 믿음직한 참모로서 상사의 의사결정을 돕는 일도 합니다. 이처럼 비서는 세세한 일을 챙기는 관리자부터 전문 분야의 행정 업무까지 상사를 위해 다양한 일을 하는 만능 도우미이자 업무 지원자입니다.

2 비서가 하는 일

비서들은 대부분 사무실에서 근무하며 방문객을 맞이하거나 전화로 중요한 업무를 처리합니다. 사무실을 찾아온 사람이나 관계자들의 문제 해결을 돕고, 상사와 연결해 주기도 합니다. 또한 상사의 전달 사항을 다른 직원들에게 빠르고 정확하게 전달하며, 다양한 정보와 자료를 관리하고 이를 도표화하거나 보기 쉽게 정리하여 상사가 효과적으로

Tip

비서라고 하면 젊고 예쁜 여성을 떠올리는 경우가 많습니다. 하지만 요즘엔 남성 비서들도 많습니다. 전문비서일수록, 경력이 오래된 비서일수록 남성의 비율이 높지요. 요즘엔 예쁘고 잘생긴 비서보다는 편하게 업무를 볼 수 있도록 도와주는 비즈니스 파트너를 찾는 경향이 있습니다. 따라서 비서에게 어울리는 용모는 예쁘고 잘생긴 것보다는 단정하고 반듯한 외모에 환한 미소를 지녀야 합니다. 거기다 상냥함과 꼼꼼한 성격에 행동이 빠르고 업무와 관련된 지식을 갖추고 있다면 금상첨화입니다.

활용할 수 있게 합니다. 아울러 재고 관리와 비용 절감 효과 등을 고려하여 기업이나 사무실에 필요한 물품을 구매하기도 하며, 직원들의 효율적인 업무 능력 향상을 위해 워크숍을 개최하거나 직원들의 건강을 위해 체육대회 등을 열기도 합니다.

비서는 많은 사람을 만나는 일을 하므로 단정한 외모와 친절한 말씨, 정확한 의사 표현 등이 중요합니다.

3 비서의 종류

비서는 보통 대기업, 중견기업, 중소기업에서 일하는 일반 비서와 법률 비서, 의료 비서, 종교 비서, 회계 비서, 외국대사관 비서, 국회의원 비서 등의 전문 비서로 나뉩니다. 전문 비서는 일반 비서에 비해 대우나 보수가 좋은 편입니다.

전문 비서는 전문 분야에서 일하는 상사의 일을 돕기 위해 그 분야의 업무에 대해 전문가 수준으로 알아야 합니다. 상사가 업무를 효율적으로 수행할 수 있도록 꼼꼼하게 일정을 확인하는 것을 넘어서서, 계획을 수립하고 조언을 하는 등 보다 방대한 역할을 합니다.

사회가 다변화되고 있는 요즘에는 일반 비서보다는 전문 비서를 선호하는 추세입니다. 이런 분위기에 따라 남성 비서도 점차 늘어나고 있습니다.

4 훌륭한 비서가 되기 위해서는

훌륭한 비서가 되기 위해서는 무엇보다 건강한 체력이 중요합니다. 비서는 출근해서 퇴근할 때까지 상사의 지시를 기다리며 대기해야 합니다. 비서는 상사가 필요로 하는 것이 있으면 미리 알아차리고 준비해야 하므로 정신적으로, 신체적으로 늘 긴장한 상태로 있게 됩니다. 따라서 규칙적인 운동을 해야 하고, 틈틈이 스트레칭으로 몸의 피로를 풀어주어야 자신의 능력을 십분 발휘할 수 있습니다.

두 번째는 단정하고 친절한 인상을 가져야 합니다. 비서는 상사의 손님들을 가장 먼저 만나는 사람입니다. 상사의 이미지를 대신하고, 나아가 회사의 대외적인 얼굴이 되기도 하지요. 그렇기 때문에 전화에서나 만남에서 항상 단정한 말씨와 확실한 표현, 정확한 일처리를 하기

위해 노력해야 합니다.

세 번째는 정직입니다. 비서는 상사를 대신하는 일을 많이 합니다. 그때, 비서가 뇌물을 받거나 거짓말을 하게 되면 그 타격은 고스란히 상사에게 갑니다. 그러므로 공과 사를 확실히 구분하고 정당하게 일을 하는 투철한 직업정신을 지녀야 합니다.

단정한 몸가짐과 신속 정확한 일처리를 할 수 있게 되었다면, 비서로서의 전문성을 키워야 합니다. 누군가를 보좌한다는 일은 생각보다 복잡하고 어려운 일입니다. 매일 정해져 있는 똑같은 일만 하는 게 아니기 때문입니다. 그렇다면 어떤 노력을 해야 할까요?

첫째, 상사와의 신뢰감을 쌓아가야 합니다. 상사가 비서를 믿고 일을 맡기려면 '믿을 만한 사람이다.'라는 인식이 생겨야 합니다. 상사가 비서에게 일을 맡기지 못하거나 기밀을 말할 수 없다면 비서로서의 역할을 제대로 하지 못한다는 뜻입니다. 신뢰는 하루아침에 얻어지는 것이 아니므로 믿을 수 있는 행동과 정확한 일처리를 통하여 꾸준히 신임을 쌓아가야 합니다.

둘째, 끊임없이 자기계발을 해야 합니다. 비서는 상사가 하는 일을 모두 알아야 합니다. 크게는 회사 각 부서에서 하는 일을 속속들이 알고 있어야 하고, 지금 필요한 것이 무엇인지 넓게 바라볼 줄 알아야 합

니다. 그러기 위해서는 비서 업무뿐만 아니라 회사 전체의 업무를 폭넓게 이해하고 전문성을 길러야 합니다.

세 번째는 침묵입니다. 비서(secretary)라는 단어는 'secret'에서 나온 것으로, '비밀을 맡길 수 있는 사람'이라는 뜻입니다. 비서는 업무의 기밀을 다루거나 중대한 정보와 문서를 접하는 일이 많습니다. 회사의 최고 경영자에게 가는 자료들이 항상 비서를 거쳐서 가기 때문입니다. 그런데 만약 비서가 친한 사람에게 회사 기밀을 이야기한다거나, 문서를 들고 다니다가 바깥에 흘리기라도 하면 회사에 큰 피해를 입힐 수도 있습니다. 따라서 회사의 중대한 기밀, 나아가 상사의 사적인 생활까지 모든 부분에서 비서는 비밀을 지킬 수 있어야 합니다.

5 직업 전망

비서는 대부분 여성들인데, 여성 비서들은 결혼 후에도, 출산 후에도 이 일을 계속할 수 있을지에 대한 불안감이 있습니다. 실제로 비서를 채용할 때는 미혼 여성을 선호하고, 기혼 여성은 기피하는 경향이 있습니다. 결혼한 여성은 일에 집중할 수 없다고 생각하기 때문입니다. 그렇다면 여성 비서들은 모두 결혼을 하면 그만둬야 하는 걸까요?

그동안 우리나라의 일반적인 비서는 단순하고 간단한 업무 등 상사

> **Tip**
>
> 2013년 국내 한 커뮤니티 회원 조사 결과 전문 비서직 종사자들의 평균 성비는 남성 11%, 여성 89%로 알려져 있습니다. 그렇지만 수행비서의 경우 남성의 비중이 90% 이상일 정도로 높습니다. 또한 경력 있는 비서들 중에는 남성의 비중이 오히려 높습니다.

181

Tip_____.

비서계의 대모라 불리
는 대성그룹 전성희 이
사는 결혼을 하고 아이
까지 낳은 후 37살에 비
서를 시작해서 30년 넘
게 비서로 일했습니다.

의 보조 역할을 해 왔습니다. 기업에서도 전문적인 교육을 받지 않은
사람을 채용했고, 전공자를 채용했다 하더라도 전화를 받거나 다과를
대접하는 손님 응대, 전화 업무, 간단한 문서 처리 등만 하도록 해 왔었
지요.

그런데 1990년대 이후 국내 기업 환경은 빠르게 변했습니다. 미국을
비롯한 선진국은 국내 시장 곳곳을 파고들었고, 국내 기업들도 무한경
쟁 속에서 살아남기 위해 보다 능력 있는 경영 관리자가 필요하게 됐습
니다. 더불어 경영 관리자를 보좌하는 유능하고 실력 있는 비서도 필요
하게 되었습니다.

시대의 변화에 따라 요즘에는 상
사의 의사결정과 상황 판단에 도움
을 줄 수 있는 참모로서 창의력과
판단력을 발휘하는 전문 비서의 필

요성이 커지고 있습니다. 이러한 움직임은 대학에서도 나타나 대학의
비서학과에서는 비서학을 체계화했고, 비서학과 국제사무학을 융합하
여 독립적인 직업으로 입지를 굳혀가고 있습니다.

업무 보조만을 하는 비서에 머무르지 않는, 법률, 회계, 경영, 경제,
행정, 의료 등 자신만의 전문적인 지식을 연마하여 능력을 발휘할 수
있는 전문비서가 된다면, 그 미래는 밝
다고 할 수 있습니다.

Tip_____.

미국의 전문비서협회
(IAAP)에서는 비서를
'숙달된 사무기술을 보
유하고 주어진 권한 내
에서 의사결정을 내리
는 간부적 보좌인'이
라고 칭합니다. 비서를
업무 보조만 하는 사람
으로 보는 시대는 지났
습니다.

02 비서의 종류

1 기업 비서

우리가 흔히 알고 있는 비서로, 기업에서 임원이나 CEO를 보좌하는 일을 합니다. 그러므로 기업의 경영 이념이나 CEO의 경영 방침을 잘 알면 일하는 데 유리합니다.

기업 비서가 하는 일은 크게 세 가지로 나눕니다.

첫째, 상사가 최적의 조건에서 일할 수 있도록 일정을 짜고, 방문객을 응대하거나 전화 응대 후 적절한 조치를 하는 등 보좌하는 일을 합니다. 둘째, 문서 작성 및 각종 자료 정리, 대내외 행사 준비 등 상사의 업무와 관련된 준비를 합니다. 셋째, 상사한테 온 우편물을 정리하고, 서류 작성 및 보관하는 일, 회의 기록을 분류하여 보관하는 등 상사의 편의를 돕는 일을 합니다.

> **Tip**
>
> 오늘날에는 오피스 프로그램이 발달하여 자질구레한 일은 컴퓨터가 대신하므로 일반 비서보다는 전문 비서를 찾는 경우가 늘고 있습니다.

2 전문 비서

전문 비서는 하는 일에 따라 정치, 법률, 의료, 종교, 회계, 외국대사관 비서 등으로 세분화됩니다. 전문 분야에서 일하는 상사의 입을 돕기 위해서는 비서도 그 분야의 업무에 대해 전문가 수준으로 알아야 합니다.

1) 정치 비서

국회의원이나 지방의회의원 사무실에서 상사인 정치인을 돕는 일을 합니다. 유권자를 포함한 정치와 관련된 발 빠른 정보 수집이 필요하며, 정치적인 활동이나 선거 등의 업무 기획 능력이 뛰어나야 합니다. 회의록 작성이 많은 만큼 그에 관한 양식과 작성 방법을 익혀 각종 회의록을 신속하게 작성할 수 있어야 합니다.

2) 법률 비서

법률 사무소나 변호사 사무실에서 일하며, 법률에 관련된 문서를 처

Tip

전문 비서는 정치, 경제, 교육, 의료 등 우리 사회의 각 분야에서 활발하게 활동하고 있습니다. 비서를 보면 상사를 알 수 있다고 할 정도로 전문 비서는 상사의 모든 일을 공유할 수 있는 수준이 되어야 합니다.

리하고 의뢰인이 소송을 문의해 오면 상담 등을 합니다. 기본적인 법률 지식 외에도 영어, 중국어, 일본어 등 외국어 능력도 필요합니다.

3) 회계 비서

회계사 사무실에서 일하는 비서는 회계 업무를 이해할 수 있는 회계학 관련 지식과 경영, 경제에 대한 기본 지식이 필요합니다. 또한 엑셀 등 컴퓨터 응용 프로그램을 능숙하게 활용할 줄 알아야 하며, 회계 보고서를 영어로 작성할 수 있는 외국어 실력도 필요합니다.

4) 의료 비서

종합병원이나 병원 부설 연구소 등에서 근무합니다. 때문에 의학이나 보험 관련 용어 및 규정 등을 잘 알고 있어야 합니다.

5) 교육연구 비서

학교 행정업무 책임자를 보좌하거나 학교 부설 연구소에서 일합니다. 따라서 학교 운영과 행정에 대한 지식이 필요합니다. 미국 등 선진국에는 이 분야의 비서가 많다고 합니다.

03 역사, 책, 영화 속에서 만나는 비서

1 비서는 언제부터 있었을까요?

비서의 역사는 매우 오래 되었습니다. 기원전 3,000년경 고대 이집트에는 왕의 치적을 기록하는 관직이 있었고, 기원전 30년경 이집트의 클레오파트라

여왕에게 디오메데스라는 남성 비서가 있었다고 합니다.

근대적 의미의 비서는 15세기에 영국에서 시작되었습니다. 당시 국왕의 문서를 처리하는 사람을 'secretary'라 칭했고, 이후 귀족들의 보좌원들도 'secretary'라고 칭하여 오늘에 이르고 있습니다.

우리나라의 경우, 신라에서 왕명을 받들던 기관을 '비서감'이라 했고, 고려 초기에는 축문과 기록을 맡아 보는 내서성을 성종 14년에 비서성으로 바꾸어 불렀습니다. 조선시대에 들어와서는 도승지가 왕의 비서 역할을 했습니다. 도승지는 왕명의 출납을 맡았기 때문에 한 치의 오차도 없이 일을 처리해야 했습니다.

예나 지금이나 비서직은 꼼꼼하고 정확한 일처리로 인정받는 직책이었음을 알 수 있습니다.

2 관련 책

1) 〈잭 웰치 다루기〉 로잔 배더우스키 지음. 한스미디어. 2005

"나는 말하는 자동응답기, 워드프로세서였으며 심부름꾼, 상담자, 친구, 판소리꾼, 오타 확인자였고, 소리 나는 칠판, 수선공, 치어리더였다."

20세기 가장 탁월한 경영자 중 하나로 꼽히는 GE의 잭 웰치 회장의 비서, 로잔 배더우스키가 쓴 책입니다. 25년 넘게 잭 웰치의 행정보조 스태프로 일했으며, 그 중 14년을 수석 비서로 일하며 겪은 일들을 솔직하게 적어 내려갔습니다.

하루에 열 건의 미팅 일정을 짜고, 뉴욕에서 도쿄까지 하루 만에 이동하고, 한꺼번에 울리는 세 개의 전화에 응답하고, 일주일 동안 30명의 방문객과의 미팅 일정을 만들며, 하루에 500건의 메일에 답장 쓰기 등 일반인은 상상하기 어려운 일들을 잭 웰치가 주문하면 군말 없이 매끄럽게 처리해 낸 슈퍼우먼 비서입니다. 그녀는 이 모든 일을 정말 사랑했고, 그 일을 하는 것이 행복했다고 말합니다.

잭 웰치 역시 로잔 배더우스키를 가리켜 자신의 보스였으며, 두 사람 사이는 주종관계가 아니라 동료였고, 비즈니스 파트너였다고 말합니다.

비서로서의 시간을 행복하게 보냈다는 로잔 배더우스키, 자신의 일을 사랑했던 그녀의 비서 이야기를 솔직하게 들을 수 있는 책입니다.

2) 〈비서백서〉 이준의 지음. 쌤앤파커스. 2009

대학을 졸업하기 전에 비서로 취직하고, 남자 상사와 여자 상사를 모두 보좌해 본 경험이 있으며, 온라인상에서 '비서들의 지식인'이라 불리며 비서들의 고민을 해결해 주는 ㈜밥코(BOBKO)의 수석비서, 이준의가 쓴 책입니다.

국내 비서들의 하루 일과부터 초보비서가 해야 할 일 등을 세세하고 구체적으로 적어내려 간 비서의 입문서라 할 수 있습니다. 비서를 꿈꾸는 이들이라면 비서 업무를 미리 짐작해볼 수 있고, 비서로 일하고 있는 이들이라면 선배에게 들을 수 있는 조언을 얻는 책입니다.

비서들에게 '비서 필독서'라고 불리는 이 책에는 현장에서 긴장하며 일하고 있는 비서들의 실전 기술이 고스란히 녹아 있습니다. 앞으로 역량 있는 '프로 비서'가 되기를 꿈꾸는 사람이라면 이 책 속에서 그 노하우를 엿볼 수 있을 것입니다.

3 관련 영화

1) 〈악마는 프라다를 입는다〉

2006년 미국에서 개봉한 영화로, 어렵게 취업에 성공한 20대 여성의 살 떨리는 직장 생활을 그린 코미디입니다. 소설을 영화화한 이 영화는 여성들의 호응에 힘입어 미국에서만 1억2천만 달러 이상을 벌어들인 흥행 성공작으로 국내에서도 큰 인기를 끌었습니다.

청운의 꿈을 안고 뉴욕에 입성한 앤드리아는 취업을 위해 이곳저곳에 이력서를 넣어보지만 모두 퇴짜를 맞습니다. 어느 날 패션잡지 〈런웨이〉로부터 연락을 받게 되는데, 담당업무는 악명 높은 편집장 미란다의 비서직입니다. 앤드리아는 패션잡지 사무실과 어울리지 않는 촌스러운 복장과 헤어스타일 때문에 합격을 기대하지 않았지만 뜻밖에도 당당히 비서직에 뽑힙니다.

하지만 앤드리아의 비서 업무는 고통의 연속입니다. 전 세계 패션계를 주름잡고 있는 상사 미란다의 행동은 히스테리라고 볼 수 있을 정도로 극성맞았기 때문입니다. 미란다는 하루 24시간 아무 때나 비서를 찾았고, 작은 일에도 쉽게 화를 냈습니다. 그렇게 하루하루 힘든 시간을 보내며 앤드리아는 서서히 자신의 일에 적응해 갑니다. 촌스러웠던 사회 초년생이 어느새 커리어우먼다운 당당함을 풍기며 능숙하게 비서 일을 해 나갑니다.

그러나 일이 우선시되면서 남자친구와도 멀어지고, 자신이 진정 원했던 것이 무엇이었는지 되돌아봅니다. 결국 미란다는 비서 일을 그만두고 자신에게 어울리는 일자리를 구합니다.

이 영화가 관심을 끌었던 것은 사회 초년생 비서 이야기에 대한 공감이 있었기 때문입니다. 물론 영화이기 때문에 과장된 부분도 있었겠지만 사회에 첫 걸음을 내딛는 이들이 볼 때는 자신도 겪을 법한 이야기가 많았습니다. 또한 영화를 통해 비서 업무를 간접 체험할 수 있었고, 자신의 삶과 비교해볼 수도 있었습니다. 그 밖에 주인공 앤드리아 역할을 한 앤 해서웨이가 체중을 늘렸다 줄였다 하며 보여주는 촌스러운 의상과 명품 브랜드의 다양한 패션 트렌드도 볼거리가 되었고, 표독한 편집장 역할을 소화해낸 메릴 스트립의 훌륭한 연기와 감각적인 음악들도 흥행의 일등공신이었습니다.

04 비서는 어떤 일을 할까?

1 비서의 하루

비서는 보통 상사가 출근하기 30분~1시간 전에 출근하고, 상사가 퇴근한 후에 퇴근합니다. 상사가 출근하기 전에 집무실 및 사무환경 정비를 하고, 상사가 퇴근한 후에 정리 및 마무리를 해야 합니다. 옷차림은 정장 등 단정함 차림을 하고, 머리 모양은 여성의 경우 최대한 깔끔하게 묶거나 흐트러지지 않게 고정하고, 남성의 경우 짧고 단정하게 합니다.

지금부터 기업체 등에 근무하는 비서의 일상적인 업무를 따라가 보기로 하겠습니다.

출근하여 업무 준비를 합니다. 상사의 집무실을 깨끗이 청소하고, 외모를 다시 한 번 확인합니다. 전화가 걸려오면 받아서 메모하는 한편, 오늘 하루 상사의 일정을 점검합니다. 어떤 회의가 있는지, 준비할 것은 무엇인지 등을 기록해 두고 상황이 바뀌면 체크해 두었다가 상사에게 보고합니다.

상사가 출근하면 하루 일정에 대해서 브리핑합니다. 상사가 필요한 자료를 부탁하면 가져다주고, 정리를 요구하면 내용을 간략하고 보기 쉽게 정리합니다.

그리고 이때부터 본격적인 업무가 시작됩니다. 상사 앞으로 오는 우편물 및 공식 서류 정리, 방문하는 손님들을 맞이하거나 전화로 응대를 합니다. 또한 상사의 지인 및 거래처의 정보, 경조사를 관리하는 것도 비서의 업무입니다. 상사의 지인 및 거래처에 선물을 주문해서 보내거나 화환을 보내기도 합니다.

회사 내 식당에서 점심을 먹고 다시 복장을 단정히 합니다. 1시간 정도 점심시간의 여유가 있지만 그 사이 상사로부터 전화가 올 수도 있기 때문에 늘 휴대전화를 소지하고 있습니다.

오후 업무가 시작됩니다. 상사의 요구에 따라 거래처에 이메일을 보내거나 신문기사를 스크랩하고, 공식적인 문서를 작성하거나 발송하는 일, 영수증 관리, 우편물 발송대장 작성 등을 합니다. 또한 틈틈이 비서 업무일지를 써야 합니다.

밀려드는 업무 속에서 우선순위를 구별해서 신속하고 빠르게 처리할 수 있어야 합니다. 어떤 일이 중요한지, 상사에게 더 급한 일이 무엇인지를 판단하고 처리해야 하며, 상사가 기억하지 못한 일을 상기시켜 주며, 더 나아가 미처 생각하지 못하고 있던 방법과 대안을 창의적으로 제시하기도 합니다. 그리고 이 모든 일은 신속하고 정확해야 합니다.

 공식적인 업무는 끝나는 시간이지만 상사의 일이 끝나지 않았다면 남아서 함께 도와야 합니다. 그러나 대부분 이 시각에 상사는 비서에게 부탁할 자료를 맡기고 자리에 없는 경우가 많습니다. 상사가 퇴근하고, 업무를 마무리했다면 퇴근합니다. 퇴근하기 전에는 집무실을 정리하고 다음 날 일정을 확인해서 기록해 둡니다.

2 비서들은 휴일에 무엇을 할까?

비서들은 대부분 공휴일이나 주말에는 쉽니다. 또한 상사가 출장을 가거나 휴가를 가면 쉴 수 있습니다. 상사가 출장을 갔을 경우에는 업무를 보는 도중에 비서에게 전화를 걸어 궁금한 점을 물어보는 경우가 많기 때문에 긴장을 늦출 수 없습니다.

비서의 휴가 날짜는 대부분 상사의 휴가 날짜에 맞춰서 합니다. 휴가를 갔을 경우에는 상사도 업무를 잊어버리고 쉬고 싶기 때문에 웬만해선 비서에게 전화를 하지 않습니다. 그렇지만 비상사태가 생겼을 경우를 대비하여 비서는 언제 어디서든 휴대전화를 켜놓고 있어야 합니다.

쉬는 날이면 평소의 긴장 상태를 풀어줄 수 있는 운동이나 요가를 하여 몸과 마음을 이완시켜 주고 체력을 키우는 것이 좋습니다. 아니면 등산이나 여행을 통해 그동안 쌓인 스트레스를 풀기도 합니다. 아니면 독서나 외국어 공부를 하는 등 자기계발을 하는 경우도 많은데, 자기계발은 새내기 비서들에겐 꼭 필요한 과정입니다.

3 실력 있는 비서의 노하우

업무 종료 시간까지 비서의 업무는 시간과의 싸움입니다. 시간과의 싸움에서 이기자면 모든 일에 마감 기한을 두어야 합니다. 그렇지 않으면 차일피일 미루게 되고, 허둥대다가 실수를 하기도 합니다. 무슨 일이든 미루지 않고 중간 중간에 검토하면서 체크합니다. 그래야만 상사가 진행 사항을 물어왔을 때 막힘없이 대답할 수 있습니다. 상사에게 '그때 말했던 내용 아직도 정리가 안 됐나요?' 라는 등의 꾸지람을 듣는 일은 없어야 합니다.

또한 일의 우선순위를 정해야 합니다. 이런 능력은 숙련된 비서에게는 쉽지만 새내기 비서에게는 무척 어려운 일입니다. 초보 비서의 경우 무엇이 중요하고 급한지 잘 모르기 때문입니다. 상사가 말하기 전에 업무를 미리 파악하고 있고, 더 나아가 새로운 정보를 알려주며, 조언까지 해줄 수 있는 비서야말로 비즈니스 파트너로 인정받을 수 있습니다.

4 비서의 직급

기업의 규모에 따라 비서는 비서팀으로 운영됩니다. 대기업의 경우 회장이나 사장, 임원을 보좌하는 비서팀은 그 관리가 철저합니다. 비서팀에 소속된 인원도 적게는 3~4명에서 10명이 넘는 곳까지 있습니다. 업무뿐만 아니라 사적인 생활에서도 비서의 역할이 중요하기 때문입니다.

대기업의 비서팀은 수석비서(비서실장)와 비서팀원으로 나뉩니다. 수석비서는 비서팀 전체를 관리하면서 상사와 직접 대면하여 일을 처리하는 최종 책임자입니다. 그리고 비서팀원들에게 일을 분담하여 주고, 팀원들을 관리하며 평가합니다.

비서팀원은 다시 안내, 문서사무, 수행 등의 업무를 분담해서 합니다. 안내비서는 주로 손님 왕래가 많은 장소에서 방문객들을 안내하고, 전화 연락 업무와 같은 간단한 업무를 합니다. 문서사무비서는 컴퓨터를 사용하여 문서 처리 업무를 합니다. 수행비서는 주로 남자가 많으며, 상사가 가는 곳은 어디든 동행하며 2~3명이 팀을 이뤄 움직이기도 합니다.

비서팀이 꾸려져 있지 않은 경우에는 오너비서, 임원비서 등으로 나뉘어져 한 사람씩 보좌하며, 개별적으로 일하는 경우가 많습니다.

05 비서가 되기 위해 필요한 능력

1 성실함과 꼼꼼함

비서의 기본 업무는 상사의 일
정 조정, 회의와 업무 준비, 전화
응대, 내방객 안내와 차 접대 등
입니다. 상사가 자신의 핵심
적인 업무에 전념할 수 있
도록 도와주는 역할을 하는
것입니다. 이러한 업무가
너무 기본적이고 쉬운 일이
라고 생각할지 모르지만, 훌륭
한 비서들은 손님을 정성껏 대접하는

일에 그 이상의 의미가 있다고 말합니다. 손님 또는 바이어가 가지는
회사의 첫 이미지가 비서로부터 시작되기 때문입니다. 비서가 하는 일
중에 하찮은 일은 하나도 없습니다. 작은 일부터 성실하게 잘해야 유능
한 비서로 인정받을 수 있습니다.

또 일정 관리와 커뮤니케이션 조정 등도 비서들의 중요한 업무입니
다. 상사의 국내 일정뿐 아니라 해외 일정까지도 꿰뚫고 있어야 합니
다. 이렇듯 비서는 상사의 시간 관리자이기 때문에 정확한 일처리가 필
수입니다. 상사에게 일정을 상기시켜 주고, 일의 우선순위를 알려 주
고, 필요한 자료를 준비해 두는 등 상사가 말하지 않아도 필요한 일을
척척 해낼 수 있어야 합니다. 그러자면 성실함과 꼼꼼함이 필수입니다.

2 소통 능력

비서는 상사의 가장 가까운 사람으로서 회사 안팎의 소통 창구가 되기도 합니다. 회사 내부 사람들은 비서를 거쳐서 상사에게 가고, 외부의 지인이나 거래처 사람들도 모두 비서를 통해서 상사에게 이야기할 수 있습니다. 따라서 비서가 중간에서 잘못 전달하여 오해를 불러일으키거나 착오를 일으키는 경우도 적지 않습니다. 이런 실수는 초보 비서일수록 저지르기 쉽습니다. 따라서 비서는 모든 사실을 정확하고 객관적으로 전달할 수 있도록 소통 능력을 갖추어야 합니다.

3 친절함

비서는 다양한 분야의 사람들을 만납니다. 회사 내부의 사람뿐만 아니라 거래처의 사람들, 외부 지인들까지 다양한 연령대의 사람을 상사 대신 만나 상사의 얼굴이 되어 줍니다. 따라서 친절함은 필수입니다. 늘 환하고 밝은 미소로 사람들을 대해야 합니다. '고맙습니다' '실례합니다' '안녕하십니까' 등의 인사말을 습관화해서 외부인뿐만 아니라 동료들에게도 항상 밝은 분위기를 만들 수 있도록 해야 합니다.

4 도덕성

사회적으로 중요한 위치에 있는 정치인이나 큰 회사의 고위 임원들의 비서는 도덕성을 갖춰야 합니다. 이들 상사에게 가는 서류들은 중요한 내용이 많고, 비서가 가장 가까운 곳에서 일하다 보니 비서에게 정보를 얻으려는 사람들이 많습니다. 이때 비서가 금품을 받고 정보를 알려 주게 되면 상사의 업무에 타격이 가는 것은 물론 사회 전체적으로 피해를 가져옵니다. 그리고 그 여파는 결국 비서 자신에게 돌아옵니다. 따라서 주인의식과 함께 도덕성을 갖춰야 합니다.

5 기밀 유지

비서는 사회적으로 중요한 지위에 있는 사람들을 보좌하는 경우가 많으므로 보안사항이 많습니다. 비서의 실수로 회사의 기밀이나 국가의 보안사항이 외부로 유출될 수 있습니다. 따라서 비서는 회사나 기관의 내부 자료를 들고 나갔다가 밖에 두고 오는 일이 없어야 하며, 가족

이나 친구들에게 회사 일을 이야기할 때 매우 신중해야 합니다.

6 적극적인 태도

글로벌 헬스케어기업 박스터인터내셔널의 CEO를 지냈으며, 현재 노스웨스턴 대학 켈로그경영대학원 교수로 재직 중인 해리 크레이머는 12년간 함께했던 자신의 비서를 잊을 수 없습니다. 그의 비서는 요구하지 않아도 늘 회사 돌아가는 상황을 먼저 알려주었고, 더 많은 직원과 소통하도록 권유했습니다. 상사는 자신이었는데 자신보다 더 발벗고 나서기도 하고, 모든 회사 일에 적극적으로 참여했다고 합니다. 덕분에 해리 크레머는 전 직원에게 이메일을 보내는 친절한 CEO가 되었고, 직원들의 일에 관심 있게 참여할 수 있었습니다.

이처럼 비서는 견해와 조언으로 상사를 보좌하는 참모 역할을 하고, 상사의 손과 발, 움직이는 컴퓨터가 되어 적극적인 자세로 상사가 필요한 것을 먼저 알아차리고 준비할 수 있어야 합니다.

7 외국어 능력

요즘 모든 직업에서 외국어 능력은 필수이지만, 비서 업무에서는 더욱 중요합니다. 글로벌 기업과 경쟁해야 하는 오늘날에는 상사가 해외 바이어들과 연락할 일도 많고, 해외 출장도 잦기 때문입니다.

상사가 해외 출장을 갈 때 항공 예약부터 현지 사정 관리까지 모두 비서의 업무이고, 더 나아가 해외 문서를 추려내고 정리해서 필요한 부분을 전달하는 것도 비서의 역할입니다. 간혹 해외 출장이라도 함께 가게 된다면 영어 능력은 필수이므로 간단한 회화라도 할 수 있도록 실력을 갖추어야 합니다. 최근에는 국내뿐 아니라 해외로 취업하는 비서들이 늘어나면서 외국어 실력이 더더욱 중요해지고 있습니다. 단순 비서가 아닌 전문 비서로서 외국계 기업에 취업하면 보다 넓은 환경에서 자신의 역량을 발휘할 수 있을 것입니다. 전국 대학의 비서학과가 국제비서학과나 국제사무학과로 이름을 바꾸며 외국어에 힘을 쏟는 이유도 바로 여기에 있습니다.

Tip

미국의 사진 공유 사이트 핀터레스트의 임원 비서인 미쉘 디지아코모는 비밀 유지가 비서의 가장 중요한 덕목이라고 강조합니다. 미쉘 디지아코모는 회사가 38억 달러의 가치를 인정받는다는 것을 알지만 동료에게 말할 수 없었고, 그녀의 책상 위를 오가는 많은 기밀 정보는 절대 외부로 빠져 나가지 않게 조심한다고 했습니다. 뿐만 아니라 이메일 계정, 은행계좌 정보, 자택 보안코드 등 모든 것을 비서와 공유하는 경영진의 믿음을 굳건히 하기 위해서라도 자신은 철저하게 비밀을 유지한다고 합니다. 비서는 대부분의 시간을 경영진과 보내지만 엄연히 경영진은 아니기 때문입니다.

06 비서의 장단점

1 장점

1) 성공의 노하우 간접 터득

비서가 보좌하는 상사들은 사회적으로 높은 위치에 있으며 성공한 사람들입니다. 예를 들어 큰 회사의 임원의 경우 적어도 20년 이상은 회사를 위해 일했을 것이고, 세월에서 묻어나오는 연륜, 그 사람만의 무기가 있을 것입니다. 비서는 가장 가까운 곳에서 상사의 습관, 업무 처리 방식들을 보고 배우면서 성공한 사람들의 강점을 배울 수 있습니다.

2) 다양하고 폭넓은 인맥

비서는 다양한 사람들을 많이 만나며, 그 과정에서 폭넓은 인맥을 쌓을 수 있습니다. 또한 나이에 따라, 사회적 지위에 따라 사람들을 어떻게 대해야 하는지도 자연스럽게 익힐 수 있습니다. 사회적으로 중요한 사람들을 많이 알아두면 나중에 다른 직업을 구하거나 자신의 사업을 할 때도 많은 조언과 도움을 받을 수 있습니다.

3) 상황 대처능력 상승

비서는 일반적으로 혼자 일하기 때문에 밀려드는 업무를 동시다발적으로 처리해야 하는 경우가 많습니다. 상사가 무언가를 급히 요청했는데, 다른 부서에서 또 급히 요청하는 일이 생기고, 동시에 전화도 받아야 하고, 때마침 방문객이 들이닥치는 등 정신없을 때가 많지요. 처음에는 당황도 많이 하지만 점점 능숙해지면서 우선순위를 생각할 수 있게 되고, 나아가 자신의 삶에 있어서도 신속하고 융통성 있게 일을 처리할 수 있게 됩니다.

2 단점

1) 상사의 일정이 곧 비서의 일정

비서의 업무 자체가 상사를 보좌하는 것이므로 상사의 일정이 곧 비서의 일정입니다. 비서의 출퇴근 시간은 근무하는 곳에 따라 차이가 있지만, 대부분 상사의 시간에 맞춥니다. 상사가 출근하기 최소 30분 전에 출근해서 그날 하루 일정을 체크하고 준비합니다. 또한 항시 상사의 지시에 대기해야 하므로 업무 시간에는 자리를 비울 수 없습니다. 때로는 화장실에 갈 때도 주변 상황을 파악하고 나서 잠시 다녀와야 하는 불편함이 있습니다.

또한 생일이나 연인과의 기념일, 크리스마스, 주말, 연휴 등에도 상사의 일정에 맞춰 늦게 퇴근하거나 출근해야 하는 것이 힘이 듭니다. 외국계 기업은 비교적 유연한 편이지만, 기본적으로 비서는 상사의 일정에 맞춰야 하기 때문에 자기 시간이 많지 않습니다.

> **Tip**
>
> 비서는 24시간 내내 휴대전화를 곁에 두고 있어야 합니다. 상사에 따라 늦은 밤이나 새벽에도 가리지 않고 연락해서 일정을 확인하는 경우도 있습니다. 때로는 휴가도 휴가 같지 않고, 화장실에 가는 개인 시간조차 여유롭게 쓸 수 없을 때가 많습니다.

2) 과다한 업무

회사의 비서실에 속해 있어 동료들과 함께 일한다면 서로 의논하면서 업무를 처리할 수 있지만, 혼자서 비서 일을 하는 경우에는 일이 폭주할 때가 많습니다. 상사의 지시를 받아 자료를 정리하고 있는데, 방문객이 찾아오기도 하고, 전화가 오기도 합니다. 이런 모든 일을 혼자서 신속하게 처리해야 합니다. 또한 비서 자리는 일반적으로 다른 직원들과 격리되어 있으므로 동료들과 친분을 쌓기가 어려워 인간관계의 폭이 좁아질 수 있고 외로울 수도 있습니다.

또한 비서는 몸이 아프거나 컨디션이 안 좋을 때도 겉으로 표시를 내지 않도록 노력해야 합니다. 하루의 일과를 마친 후 상사가 퇴근을 하면 그때 비서도 퇴근할 수가 있는데, 이때도 다음날의 일정을 확인하고 정리해 둔 다음에야 업무를 마무리할 수 있습니다.

> **Tip**
>
> 사람들과 어울리는 것을 좋아하고, 다른 사람들과 함께 일하는 것을 좋아하는 사람이라면 비서라는 직업이 잘 안 맞을 수도 있습니다.

07 비서가 되기 위한 과정

1 중·고등학교 시절

비서가 되기 위해 특별한 학력이 요구되지는 않습니다. 일반 비서의 경우 고등학교 졸업자나 전문대 졸업자가 되는 경우가 많습니다.

그런데 고등학교 졸업자를 비서로 채용하는 경우, 인문계 고등학교보다는 특성화 고등학교 중에 비서 관련 학과들이 많아서 이왕이면 이런 학과를 졸업한 사람을 뽑습니다. 따라서 대학에 진학하지 않고 고등학교 졸업 후 바로 비서로 취업하고 싶다면 비서학과, 비서사무학과, 경영정보과, 국제비즈니스학과 등이 있는 특성화 고등학교에 입학하는 것이 유리합니다.

비서 관련 학과로 잘 알려진 특성화 고등학교에는 서울 정화여자상업고등학교의 비서사무관리과, 안양여자상업고등학교의 비서사무과 등이 있습니다. 그 밖에 경영학과나 국제사무를 공부해도 비서학과 관련 수업을 들을 수 있습니다.

특성화 고등학교 수업 과정을 통해 2, 3급 비서자격증을 취득할 수 있으며, 자격증이 있으면 비서로의 취업이 가능합니다.

2 대학교 시절

대학을 졸업한 다음에 비서가 되고 싶다면 전문대 및 4년제 대학의 비서학과를 졸업하면 됩니다. 우리나라에서는 1968년 이화여자대학교에 비서학과가 처음 개설되었고, 현재 2년제 전문대학을 포함하여 전국 22개 대학에 비서 관련 학과가 개설되어 있습니다.

대학의 비서학과에서는 주로 전문 비서 양성을 목적으로 공부하며, 정보관리, 국제사무 등 이론과 실습을 교육합니다. 특히 글로벌 시대에 맞춰 국제사무업무가 중요해지면서 '국제비서학과' '국제사무학과'로 명칭을 바꾼 곳이 많아졌습니다.

비서학과가 있는 대학		
	학교명	학과명
4년제 대학교	이화여자대학교	국제사무학과
	부산외국어대학교	국제비서학과
	천안나사렛대학교	비서행정학과
	대구가톨릭대학교	국제행정학과
	백석대학교	기독교 비서학과
	경동대학교	경호비서학과
	한서대학교	경호비서학과
2년제 전문대학	안산대학교	국제비서과
	한국관광대학교	국제비서과
	수원여자대학교	비서경영과
	용인송담대학교	비서경영과
	부천대학교	비서과
	수원여자대학교	비서과
	인덕대학교	비서과
	인하공업전문대학교	비서과
	한양여자대학교	비서인재과
	경인여자대학교	비서행정과
	대림대학교	비서행정과
	동원대학교	비서행정과
	배화여자대학교	비서행정과
	수원과학대학교	비서행정과
	숭의여자대학교	비서행정과

3 비서 관련 학원

비서 관련 학교를 다니지 않았다면 비서 관련 학원을 다녀서 비서가 될 수 있습니다. 한국비서교육원, 서울 비즈니스센터, 한국생산성본부, 한국능률협회, 서강대 국제평생교육원에서 전문 비서 양성 교육 프로그램을 운영하고 있습니다. 이 곳에서 교육

Tip

대학에서 교육을 받고 비서가 되는 사람들이 많기 때문에 학원 다닌 것만으로는 취업에 불리할 수도 있습니다. 오히려 취업한 이후, 자기계발을 위해 다니는 비서가 더 많다고 합니다.

Tip

비서 자격 시험제도는 1992년에 처음 생겼습니다. 그 전에는 일선 학교의 취업 담당이나 비서협회 등의 추천을 통해서나 지인을 통해 비서로 채용되는 경우가 많았습니다. 그러나 1992년 삼성그룹이 처음으로 비서전문직제를 도입하여 70명을 공채로 뽑았고, 외국계 기업은 면접과 실기 테스트 등을 통해 능력 위주로 선발하기 때문에 자격을 갖추는 것이 중요해졌습니다.

Tip

비서 취업의 인기도는 외국기업비서 → 중견기업비서 → 로펌비서 → 특수법인비서 → 대기업비서와 공기업비서 → 중소기업비서 순이지만, 기업에 따라서 정말 인기가 많은 곳은 수백대 1이라는 경쟁률을 기록하기도 합니다.

을 받은 후에 전문 비서 자격증을 딸 수도 있습니다. 이론과 실무를 함께 배우기 때문입니다.

4 비서 자격증 취득

대한상공회의소 주관으로 매년 2회 1급, 2급, 3급의 비서 검정시험이 실시되고 있습니다. 필기와 실기 시험으로 나누어지고, 응시 자격은 제한이 없어 누구나 볼 수 있습니다.

필기시험은 비서의 역할, 인간관계, 커뮤니케이션부터 경영환경, 경영관리 등 경영부문, 그리고 방문객 응대회화, 전화회화, 일정관리 및 보고, 비즈니스 영어 부문, 문서 작성과 관련한 사무 정보 관리 부문으로 치러집니다.

1급 자격증을 따려면 비서실무, 생활영어, 일반상식, 경영학 개론으로 이루어진 객관식 80문항 중에서 과목당 40점 이상을 받아야 하고, 전 과목 평균 60점 이상 받아야 합니다. 2급 자격증 시험은 내용이 조금 다르지만 합격 과정은 똑같습니다. 3급 자격증 역시 과정이 같지만 객관식 문항이 60문항입니다. 3급은 비서에 대한 초보적인 지식, 2급은 중급, 1급은 전문적인 수준입니다.

필기시험에 합격한 후에는 실기시험을 치러야 합니다. 실기시험은 워드프로세서 활용 능력, 컴퓨터 활용 능력, 한글속기, 전산회계운용사 중 하나를 선택해 치르는데, 과목마다 다른 합격기준 점수를 넘으면 자격증을 딸 수 있습니다.

전문 비서의 필요성이 커지면서 기업에서 점차 비서자격증 소지자를 선호하고 있습니다. 또 비서로 일하면서도 자격증이 있느냐 없느냐에 따라서 연봉 상승 폭도 차이가 납니다. 비서직의 인기가 날로 높아지고 있는 만큼 철저한 준비로 미래를 가꿔 나가도록 해야 합니다.

5 국제 비서 자격증에 도전

외국계 기업의 비서로 취업하기를 원할 경우, 국내 비서 자격증 외에 세계비서협회(IAAP)가 주관하는 국제비서자격시험(CPS)에 응시하여 합격하면 됩니다. 1년에 2번, 매년 5월과 11월에 치러지며 자격증을 취

득하면 외국계 회사 취업에 유리합니다. 국제 비서 자격증 취득자는 국
내에서도 그 실력을 인정받아 글로벌 기업이나 국제 업무를 폭넓게 다
루는 회사에 전문 비서로서 취업할 수 있습니다.

S E C R E T A R Y

국제비서자격시험에 응시하기 위해서는 자격 요건이 있
습니다. 4년제 대학졸업자는 2년 실무 경력이 있어야
하고, 2년제 대학졸업자는 3년의 실무 경력, 고등
학교 졸업자는 4년의 실무 경력이 있어야 합니
다. 실무 경력 없이 시험만 보는 것은 합격을
하더라도 자격이 인정되지 않습니다. 전 과목
영어로 출제되며, 사무관리, 사무 시스템 및
기술·경영에 관한 문제가 출제됩니다.

Tip

국제 비서 자격증은 국내 기업을 넘어 외국계 기업으로 취업하거나, 해외에서 비서직을 하고자 할 때 선호되는 자격증입니다.

6 취업 및 활동

드디어 비서로 취업했다면 무엇보다도 업무를 최대한 빠르게 파악
하고 익히기 위해 노력해야 합니다. 또한 몸담고 있는 회사의 비즈니
스 업무도 제대로 알아야 합니다. 건설회사인지, 법률회사인지, 무역회
사인지에 따라서 상사가 하는 일이 달라지고, 상사가 쓰는 용어가 달라
지므로 처음에는 열심히 공부해야 합니다. 상사가 지시하는 일만 하는
비서는 말 그대로 업무 보조를 하는 사람밖에 되지 않습니다.

초보 비서의 딱지를 떼고 햇수가 쌓여 가면 업무에 점점 익숙해집니
다. 상사의 요구에 쉽게 응하고, 상사가 말하지 않은 부분까지 알아서
척척 처리하는 내공이 쌓이기 시작합니다. 그렇다고 여기서 멈추어서
는 안 됩니다. 끊임없는 자기계발이 필요합니다. 상사는 매일 더 나아
가고 있는데 비서는 그 자리에 머물러 있다면 계속 시키는 일만 하는
기계나 다름이 없겠지요.

그래서 비서들끼리 모임을 만들고 틈틈이 시간을 만들어 대외 활
동을 이어갑니다. 한국비서협회, 한국팔로우십센터에서 상시로
운영하는 모임이 있고, 비서들끼리 인터넷에서 조직하여 만나
는 '시니어 비서 모임(7년차 이상)' '외국계 비서 모임' 등 사조
직이 있습니다. 이들 모임은 한 달에 한번, 6개월에 한 번
씩 자발적으로 모여 정보를 공유하고 소통합니다.

Tip

시니어 비서 모임에서는 책을 읽고 토론도 하며, 고민을 나눕니다. 7~10년차 이상 비서들은 업무에 대한 숙련도는 높지만 어느 새 익숙해진 일 때문에 쉽게 고민을 터놓지 못하는 경우가 많습니다. 자신의 어려운 점을 누군가와 공유한다는 것이 점점 어려워지는 것입니다. 그래서 비슷한 입장에 놓인 사람들끼리 정기적으로 만나 이야기를 나누는 것만으로도 큰 힘이 됩니다.

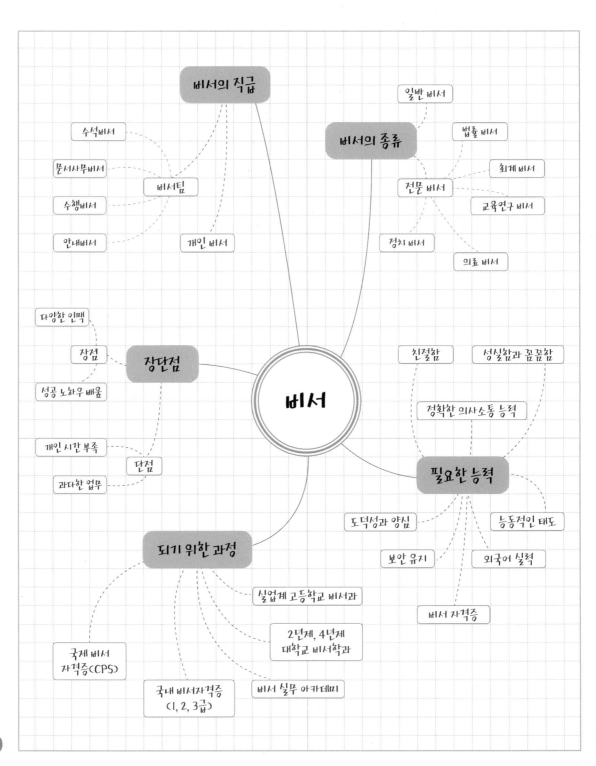

비서의 직급

비서의 종류
- 일반 비서
- 법률 비서
- 회계 비서
- 전문 비서
  - 교육연구 비서
- 정치 비서
- 의료 비서

수석비서
문서사무비서
수행비서
안내비서
비서팀
개인 비서

장단점
- 장점
  - 다양한 인맥
  - 성공 노하우 배움
- 단점
  - 개인 시간 부족
  - 과다한 업무

비서

필요한 능력
- 친절함
- 성실함과 꼼꼼함
- 정확한 의사소통 능력
- 능동적인 태도
- 외국어 실력
- 보안 유지
- 도덕성과 양심
- 비서 자격증

되기 위한 과정
- 국제 비서 자격증(CPS)
- 국내 비서자격증 (1, 2, 3급)
- 비서 실무 아카데미
- 2년제, 4년제 대학교 비서학과
- 실업계 고등학교 비서과

09 비서와 관련하여 도움 받을 곳

1 직업 정보를 얻을 수 있는 기관

●한국비서협회(http://www.kaap.org/default) 국내 비서들이 회원으로 활동하고 있는 사단법인으로, 비서에 대한 직업 정보, 진로계발 등을 알 수 있고 전문 비서 능력계발 수업도 진행하고 있습니다. 일반 비서, 전문 비서, 국회 보좌진, 의료비서, 법률비서 등 분야가 나뉘어져 있어 온라인으로 수업을 들을 수도 있으며, 비서를 구하는 기업의 채용 정보도 알 수 있고, 비서가 되고자 하는 사람들은 자신의 정보를 웹에 올려 직업을 구할 수도 있습니다.

●한국팔로우십센터(http://www.secretary.ac) 전문 비서 양성을 위한 현장 중심형 교육을 하는 곳입니다. 비서 출신으로 이루어진 강사들로부터 전문 교육을 받을 수도 있고, 채용 정보도 알 수 있습니다. 센터를 통해 취업을 한 후 사후 관리를 받기에 좋고, 비서들끼리의 커뮤니티를 만들어 주는 곳입니다.

●비서백서 카페(http://cafe.naver.com/secretaryship) 비서를 꿈꾸는 예비 비서들, 현직 비서로 일하고 있는 사람들, 비서로 일했던 사람들이 활동하는 커뮤니티입니다. 웹 상에서 자유롭게 고민을 나눌 수도 있고 정기적으로 모임을 갖기도 합니다. 독서토론을 하기도 하고 특강이 이루어지기도 합니다. 또한 채용 정보도 알 수 있습니다.

●고용노동부 워크넷(http://www.work.go.kr) 한국고용정보원에서 운영하는 사이트로, 무료로 직업 심리 검사를 이용할 수 있고, 비서에 대한 직업 정보 검색, 진로 추천, 학과 정보를 얻을 수 있습니다.

● 커리어넷(http://www.career.go.kr) 한국직업능력개발원이 운영하는 사이트로, 초등학생부터 성인, 교사에 이르기까지 대상별로 진로 및 직업 정보를 제공하며 온라인 상담도 할 수 있습니다. 심리 검사를 무료로 이용할 수 있으며, 학생들이 만든 UCC 자료도 무료로 제공합니다.

2 직업 체험

● 하늘 에듀케이션 진로체험센터(http://www.skyed.co.kr) 직업을 미리 체험해 볼 수 있는 곳으로서, 학교 단위로 신청하면 전문 강사가 나와서 체험할 수 있도록 해줍니다. 2014년 9월에는 홍익디자인 고등학교 취업반 청소년들을 대상으로 '전문 비서' 진로체험 프로그램을 진행했습니다. 비서에 관심 있는 학생들이 막연한 궁금증을 해소하고, 건강한 직업관을 형성할 수 있습니다.

● 전문 비서 취업박람회 '잡(JOB)아라'(http://www.secretary.ac) 현직 비서인 멘토들을 업종별로 구분해서 비서가 하는 일에 대해 살펴보고, 실제 채용 담당자들과 만날 수 있는 장입니다. 현직에서 일하고 있는 사람들을 만나기는 쉬운 일이 아닙니다. 그렇기 때문에 기회가 생겼을 때 어떻게든 활용할 수 있는 게 중요합니다. 참가 대상은 비서 관련 학과 학생들이나 비서라는 직업에 관심 있는 학생들입니다. 누구나 자발적으로 참여가 가능하고, 현직에서 일하는 사람들로서는 외국기업, 대형로펌, 공기업, IT기업, 금융기관, 회계법인 등의 비서들이 멘토로 참여하여 후배들에게 실무에 대한 이야기를 들려주고, 꿈을 향하는 학생들에게 조언을 해줍니다. 1부에는 비서 출신 명사의 특강을 듣고, 2부에는 현직 비서들과의 간담회를 갖습니다. 직접적으로 궁금한 사항을 질문하고 답을 얻을 수 있는 의미 있는 시간입니다. 마지막으로 3부에는 취업박람회가 열려 비서 취업의 꿈을 가진 학생들이 바로 채용으로 이어지기도 합니다.

10 유명한 비서들

1 황희(1363~1452)

조선시대의 승정원은 왕의 명령을 전달하고 여러 가지 사항을 임금에게 보고하는 곳이었고, 도승지는 그 안에서 으뜸인 사람, 지금으로 치면 비서실장 격이었습니다. 당대 유명한 석학이나 재상들은 대부분 승정원 출신으로 승정원 관리는 학문에 뛰어나고, 업무 처리 능력도 뛰어나야 했습니다.

조선시대의 명재상 황희도 승정원 소속 좌부대언과 지신사를 역임했습니다. 조선의 3대 임금인 태종은 황희를 대단히 신임하여 황희가 하는 일은 뭐든 믿고 지지했습니다. 황희가 예조판서로 일할 때 잠시 병을 앓았던 적이 있는데 태종은 왕실 의원을 보내 병을 치료하게 하고 아침저녁으로 병에 차도가 있는지를 물었다고 합니다.

황희는 세종 때에도 능력을 인정받아 재상으로 임명되었고, 승정원 출신으로는 가장 성공적인 정치 인생을 살았습니다.

2 시진핑(1953~)

중국의 국가주석인 시진핑은 전 국방부장 경뱌오의 비서로서 정치를 시작했습니다. 시진핑은 1979년 명문 칭화 대학교를 졸업한 직후 중앙군사위원회 비서장이던 경뱌오의 기밀담당 비서로 사회에 첫발을 내디뎠는데 당시 나이 26세였습니다. 젊은 나이에 비서로서 전문성을 다지며 일찍부터 군사 분야에 눈을 뜨게 되었습니다.

시진핑은 경뱌오를 도와 중앙군사위에서 다루는 기밀 서류를 관리하고 군사위 각종 회의에도 참석했습니다. 당시 경뱌오는 시진핑에게 절대로 메모를 하지 못하게 했다고 합니다. 어떻게든 기밀이 유출되는 걸 막기 위해서였습니다. 그래서 시진핑은 회의를 집중해서 관찰하고 내용을 모두 암기해서 회의가 끝나면 자신의 사무실로 뛰어가 급히 메모를 했습니다. 이러한 과정들은 알게 모르게 그의 견문을 넓혀 주었고, 차차 군부가 어떻게 돌아가는지 소상히 파악하게 되었습니다.

당시의 경험이 시진핑이 차기 국가 최고지도자까지 올라가는 데에 크게 기여했을 거라고 생각하는 사람들이 많습니다. 국가 주석 자리를 두고 시진핑과 경쟁을 벌였던 사람들 가운데 군대를 직접적으로 경험한 사람은 없었기 때문입니다.

3 아니카 프라곳(1968~)

페이스북의 창시자 마크 주커버그의 비서입니다. 그녀는 7년 넘게 마크 주커버그와 일하며 다양한 업무를 처리했습니다. 48시간 전에 통보받고 350명이 참석하는 이색파티 준비부터 주커버그와 프리실라 챈의 비밀 결혼식 준비까지 상사인 주커버그를 위해 모든 것을 계획했습니다.

아니카 프라곳은 사적인 영역뿐만 아니라 비즈니스적인 측면에서도 마크 주커버그에게 많은 도움을 주었습니다. 회의 준비는 물론 경영진이 주커버그가 말한 것을 이해했는지 일일이 확인하기까지 했습니다. 주커버그가 뭘 원하는지 척 보면 알 정도였다고 합니다.

주커버그 역시 아니카 프라곳의 공로를 인정했습니다. "아니카는 직원 수가 100명이 안 되던 창업 초기에 페이스북에 들어왔으며, 우리가 원하는 회사를 만드는 데 일등공신이었다. 내가 더 나은 CEO가 될 수 있게 도와줬다."며 칭찬을 아끼지 않았습니다.

페이스북에서 근무하던 마지막 해, 프라곳의 연봉은 13만 5,000달러로 우리 돈으로 1억 4천만 원이 넘는 돈에 30퍼센트의 보너스를 받았습니다. 그 외에 받은 주식까지 하면 엄청난 보수를 받았습니다.

아니카 프라곳이 다른 비서들에게 강조하는 것은 하나입니다. '상사 뒤에 숨지 말고 전면에 나서라.'는 것입니다.

4 전성희(1943~)

전성희는 미모의 젊은 여성 비서가 아닙니다. 대성산업에서 30년 넘게 한 사람의 비서로 70세가 훌쩍 넘도록 일해 온 수석비서입니다. 그리하여 국내 최고령, 최장수 비서가 되었습니다. 대성산업 김영대 회장은 상무 시절부터 전무, 부사장, 사장, 부회장에 이어 최고경영자(CEO) 자리에 앉은 지금까지도 전성희가 없이는 일을 할 수 없다고 합니다.

이화여대 약대를 졸업하고 교단에도 섰던 전성희는 1979년 처음 비서 일을 시작했습니다. 김영대 대성산업 회장(당시 상무)이 결혼을 해도 이직하지 않고 오래 일할 비서를 구한다는 소식을 들은 남편이 아내인 전성희를 추천했기 때문입니다. 그러나 비서 일은 쉽지 않았습니다. 그렇지만 햇수가 지날수록 점차 연륜이 쌓여 37세의 주부 비서는 의전 전문가, 정보처리사, 4개 국어 통번역가, 전화교환원, 플로리스트, 이벤트 플래너 등 만능이 되어 갔습니다.

비서 일을 한 지 13년이 지났을 때 즈음, 전성희는 교수였던 남편이 캐나다에 교환교수로 가게 되자 사표를 냈습니다. 그러나 전성희가 떠난 빈자리는 너무 컸습니다. 영어를 잘하는 비서는 한자를 읽지 못했고, 한자를 잘하는 비서를 충원했더니 차 심부름을 못했기 때문입니다. 전성희가 떠난 자리에 비서 3명을 두었지만 효율성은 전보다 떨어졌습니다. 김영대 회장은 할 수 없이 전성희에게 구원 요청을 했고, 전성희는 다시 돌아왔습니다.

그 후 최선을 다해 일하면서 1990년에는 큰 공을 세우기도 했습니다. 김영대 회장의 추천으로 독일 헹켈 사와의 합작 건으로 독일을 방문한 전성희는 4주 간의 교육을 받고 헹켈 사의 국내 방문까지 주도적으로 이끌어 계약 체결에 결정적인 역할을 했습니다.

전성희에게는 30여 년 넘는 비서 일을 하면서 생긴 습관이 있습니다. 바로 점심을 혼자 먹는 것입니다. 중요한 일을 많이 알고 있기 때문에 괜한 질문에 답을 할까 걱정되기 때문입니다. 기밀을 유지하는 것을 몸에 배게 하기 위해서 될 수 있는 한 혼자 먹는 것입니다.

그러나 30년 넘게 호흡을 맞춰온 김영대 회장과의 사이에서도 지금까지 의견일치를 보지 못하는 것이 있습니다. 바로 크리스마스 카드를 고르는 것입니다. 수천 장의 견본 중 추천할 만한 10여 개 카드에 포스트잇을 붙여서 전달하는데, 회장이 단 한 번도 그 중에서 고르는 법이 없었기 때문입니다. 그나마 2년 전부터는 회사에서 운영하는 건물의 전경사진을 담은 카드를 만들기로 합의해서 이 오래된 갈등도 해소되었습니다.

30년이 넘는 시간을 비서로 지내면서 국내 굴지의 기업의 신입사원 교육에서 강연을 하기도 하고, 나사렛대학교 비서학과 학생들에게 장학금을 주기도 하는 전성희는 자신의 홈페이지(www.jhunsunghee.net)에 '아지 이야기'라는 에세이를 쓰고 있습니다.

오늘도 전성희는 새벽 5시에 일어나 새벽 6시면 회사에 도착합니다. 건물 내 피트니스 센터에서 운동을 한 후 씻고 사무실로 출근을 하면 7시입니다. 옷을 갈아입고, 커피를 끓이고, 김영대 회장의 일정을 정리해서 책상 위에 올려놓은 다음 7시 30분부터는 중국어 공부를 하며 업무 준비를 합니다.

11 이 직업을 가진 사람에게 듣는다

인터뷰이(Interviewee)의 사정에 의해 얼굴을 공개하지 않습니다.

비서 정연주 | (주)IMS Health Korea 근무

상사의 서포터가 아니라 파트너로 일하고 싶지만,
상사를 위해서는 허드렛일도 마다하지 않는 정연주 비서
그녀가 말하는 비서의 No.1 업무는 '상사의 감정을 이해하고 배려하라.'다

Q1 간략한 자기소개 부탁드립니다.

현재 IMS Health Korea라는 헬스케어 데이터 통계분석 및 컨설팅 서비스를 하는 외국계 회사의 사장님 비서로 6년차 근무 중입니다.

Q2 비서를 선택하게 된 계기나 선택할 때 가장 고려한 점은 무엇인가요?

원래 대학에서 경영학을 전공했는데, 우연히 비서학 수업을 듣게 되었습니다. 수업을 들으면서 전문 비서에 대한 매력과 호감이 생겨서 비서학과를 복수 전공하게 되었지요. 일찌감치 진로를 비서로 정했고, 그에 맞춰서 취업

준비를 했습니다.

Q3 비서의 주요 업무는 무엇인가요?

지금 제가 하는 일은 크게 다섯 가지 정도입니다. 첫째는 사장님의 전반적인 일을 돕는 것입니다. 사장님의 출장과 미팅 등 모든 일정을 정리하고, 전화와 화상회의 준비, 비용 청구, 회의 및 발표 자료 준비 등 사장님과 관련한 모든 일을 보좌합니다. 둘째는 회사를 방문하는 외국 손님들과 관련한 모든 일을 담당합니다. 셋째는 회사의 대내외적인 행사 준비를 중간에서 조정하고, 넷째는 임직원들의 업무를 돕습니다. 마지막으로는 필요에 따라 다른 팀과 협업해서 회사 내의 커뮤니케이션을 돕고 있습니다.

Q4 비서가 되는 데 전공은 상관없나요?

현업에 있는 비서들의 전공은 매우 다양하여 오히려 비서학과 이외의 전공자들이 많습니다. 물론 비서학을 전공하면, 비서로서의 자세와 비즈니스 매너 관련 업무 스킬, 실제 업무에서 필요한 비즈니스 영어 등을 먼저 배울 수 있어서 많은 도움이 됩니다. 그러나 회사에서 비서 업무를 하다 보면 전공 여부가 비서 업무를 수행하는 데 큰 영향을 주지는 않습니다.

Q5 비서가 되기 위해 자격증이 필요한가요?

대한상공회의소에서 주관하는 비서자격증이 있는 것으로 알고 있습니다. 하지만 자격증이 실질적인 업무 능력을 증명해 주는 것은 아니므로 필수조건은 아닙니다. 저는 특별히 갖고 있는 자격증은 없습니다.

Q6 비서에게 요구되는 중요한 능력이나 자질은 뭘까요?

능력도 중요하지만, 그보다 먼저 인격과 소양, 좋은 마인드를 가져야 한다고 생각합니다. 첫째, 긍정적 마인드를 지녀야 합니다. 일을 하다 보면 다양한 상황과 변수들을 경험하게 됩니다. 어떤 상황이든 긍정적으로 받아들여야 해결책을 찾을 수 있고 스트레스도 덜 받게 됩니다.

둘째, 책임감을 가져야 합니다. 일을 하다 보면 불가능도 가능하게 만들어야만 하는 경우가 많습니다. 중간에 포기하지 말고, 책임감을 가지고 끝까지 노력해야 합니다. 이러한 강한 책임감은 보스와 비서 사이의 강한 신뢰감을 형성하는 요소가 되므로 매우 중요합니다.

셋째, 센스와 배려를 가져야 합니다. 비서에게 센스는 매우 중요합니다. 센스의 가장 기본은 상사를 배려하는 자세에서 시작되는데, 비서는 우선적으로 상사의 마음과 생각을 헤아릴 줄 알아야 합니다. 이러한 센스가 때로는 비서가 보스보다 더 빠른 판단과 앞선 생각을 하도록 도와주고, 나아가 보스가 미처 생각지 못한 부분까지 채울 수 있는 역량을 발휘할 수 있게 해줍니다.

넷째, 민첩하고 빠른 상황판단 능력이 필요합니다. 이러한 능력은 경험이 쌓이고 보스의 성향을 알게 되면, 저절로 터득되기도 합니다. 하지만 늘 다양한 결과를 예측하고 생각하면서 일을 하는 것이 중요합니다.

다섯째, 기본적인 컴퓨터 능력과 영어 능력을 갖추면 비서로 일하기에 매우 편합니다. 저는 외국계 기업에서 일하므로 외국인들과 영어 커뮤니케이션이 많습니다. 요즘은 일반 기업에서도 영어는 필수이므로 기본적인 비즈니스 커뮤니케이션을 할 수 있을 정도의 영어 실력을 갖추는 것이 필요합니다.

Q7 비서로서 자기계발을 위해 어떤 노력을 하고 있나요?

저는 영어 공부를 꾸준히 하고 있습니다. 회사의 자료들과 이메일 커뮤니케이션 등이 대부분 영어로 이루어져 있고, 업무상 외국인과 교류가 많아서 영어 실력이 중요하기 때문입니다. 언어는 사용하지 않으면 자꾸 까먹기 때문에 혼자 단어를 공부하고, 마음이 맞는 회사 동료와 점심시간마다 동영상 강의를 들으며 공부하고 있습니다.

앞으로 기회가 된다면 영어 번역 공부도 해보고 싶습니다. 사장님의 발표 자료 등 업무를 수행할 때 좀 더 전문적인 번역 실력이 요구될 때가 있기 때문입니다.

영어 공부 외에 비서 관련 서적을 읽거나, 비서들이 서로의 이야기를 공유하는 인터넷 카페나 블로그를 통해 다른 비서들의 업무 팁이나 노하우 등을 익히고, 나의 업무에 새롭게 접목시키려는 노력도 하고 있습니다.

Q8 회사나 상사들이 선호하는 비서는 어떤 사람이라고 생각하세요?

상사의 개인적 성향에 따라 요구하는 비서의 외모나 일하는 스타일, 성격 등이 다르겠지요. 하지만 공통적으로 신뢰를 주고, 꼼꼼하며, 책임감 있는 비서를 선호한다고 생각합니다. 특히 전문 비서를 원하는 회사에서는 외모나 스타일보다는 실제 업무 능력과 경험을 매우 중요하게 여깁니다.

Q9 상사와의 관계에서 가장 신경 쓰는 점이나 최적의 관계를 위해서 노력하는 점이 있나요?

사장님과의 관계에 있어서 특별히 신경 쓰는 부분은 없습니다. 6년 가까이 사장님을 보좌하면서 서로 편안한 관계가 되었습니다. 그러나 더욱 예의를 갖춰서 사장님을 대하고, 사장님의 기분과 생각을 이해하기 위해서 노력합니다. 비서는 업무 보좌도 중요하지만, 그에 앞서 사장님의 감정을 이해하고, 공감하는 능력과 배려가 우선되어야 한다고 생각합니다.

Q10 비서에 대한 가장 큰 오해나 편견은 어떤 것이라고 생각하세요?

아직도 많은 사람들에게 비서에 대한 인식이 과거 차심부름, 간단한 업무 보조, 손님 응대 등의 이미지로 남아 있습니다. 비서의 외모가 능력보다 중요하다고 생각하는 사람들이 있는데, 전문비서의 경우 외모보다 실력이 중요시됩니다. 하지만 비서의 외모가 상사의 이미지, 더 나아가 회사의 이미지를 대표할 수도 있기 때문에 단정하고 좋은 이미지를 주는 것은 필요합니다.

사회적 오해나 편견에서 벗어나기 위해서는 비서 스스로가 주도적으로 일을 찾아서 하고,

역량을 키우고 개발하기 위해 노력하는 자세가 필요합니다. 결국 사회적 편견과 오해는 스스로의 노력 여하에 따라 극복할 수 있다고 생각합니다.

Q11 일반 직장인들에 비해 옷차림에 제약이 있나요? 평소에 어떤 스타일의 옷을 입는지 궁금합니다.

사장님과 VIP 손님들을 대하는 경우가 많으므로 어느 정도 격식을 차린 옷차림을 하는 것이 올바른 비즈니스 매너라고 생각합니다. 저희 회사는 외국계 회사라서 비교적 자유로운 편입니다. 하지만 정장까지는 아니어도 가급적 단정하고 깨끗하게 입으려고 노력하고 있습니다.

Q12 비서들은 평균적으로 얼마나 일하는지, 그리고 정년이 따로 정해져 있는지 궁금합니다. 또 결혼해도 상관없이 일할 수 있나요?

대기업 오너나 외국계 기업은 비서에게 많은 경험과 경력을 요하기 때문에 비서의 연령도 높은 편입니다. 물론 일반 회사는 파견직 비서도 많고 하니 조금 다를 수 있습니다. 외국계 기업은 여성을 위한 복지제도가 잘 되어 있어서 결혼 후에도 경력을 이어 가는 경우가 많습니다. 그래서 비서의 정년이 정해져 있기보다는 본인의 커리어 방향에 따라 결정되는 경우가 많습니다.

Q13 비서를 그만둔 후에는 다른 부서에서 근무하게 되나요? 아니면 비서 출신이 많이 일하게 되는 특정 부서가 있는지 궁금합니다.

회사나 상사의 재량에 따라 다르겠지만, 비서를 그만두면 본인의 전공을 고려해서 다른 부서로 내부 이동을 많이 합니다. 외국계 회사에서는 비서가 비서의 업무 외에 기획, 인사, 총무, 회계 등의 back office 업무를 병행하는 경우가 많습니다. 그래서 이런 쪽에서 전문적으로 경력을 쌓고 본인이 일하기를 원하면, 기회가 될 때 상사의 재량에 따라 이동도 가능합니다. 그러나 이러한 케이스는 외국계 회사의 경우이고, 회사에 따라 달라집니다.

Q14 비서 일을 하면서 기억나는 실수 등 에피소드가 있다면 부탁드립니다.

입사 후에 사장님께서 사과를 깎아달라고 부탁하신 적이 있습니다. 저는 그전까지 단 한 번도 사과를 깎아본 적이 없었습니다. 최선을 다해서 열심히 깎았지만, 사과의 상당 부분이 껍질과 함께 사라지고 반 정도만 남게 되었지요. 사장님께서는 남은 사과의 크기를 보고 박장대소하셨고, '연주 씨에게 제일 어려운 일을 부탁한 것 같다.'라며 너그러이 넘기셨습니다. 그 후로 열심히 노력해서, 6년 차인 지금은 과일 깎는 솜씨가 전문가 못지않게 되었습니다.

하루는 휴대전화의 모닝콜을 듣지 못하고 아침 9시까지 늦잠을 잔 적이 있습니다. 늦잠에서 깨어나 회사에서 온 수많은 부재중 전화를 확인하고, 부랴부랴 준비해서 회사에 출근했습니다. 사장님께서는 화를 내시지 않고, 오히려 어디 아프거나 다른 일이 있었던 것은 아닌지 걱정해 주셨습니다. 그 이후로는 알람시계를 따로 사서 알람을 맞추고, 휴대전화 알람도 5분 단위로 여러 개를 맞추어 놓고 잠을 자게 되었습니다.

Q15 비서로서 가장 기쁠 때와 힘들 때는 언제인가요?

기쁠 때는 제가 리더십을 가지고 상사를 위해 준비한 일이 문제없이 성공적으로 잘 끝났을 때입니다. 비서는 늘 보이지 않는 곳에서 상사의 일에 차질이 없게끔 준비하고 돕기 때문에 상사의 모든 업무가 순조롭게 끝났을 때 가장 보람을 느낍니다. 특히 사장님이 '잘했어.' '수고했어.'라고 따뜻하게 격려해 주시면, 그동안의 힘든 일이 눈 녹듯이 사라질 정도로 보람되고 기쁩니다. 힘들 때는 상사의 예상치 못한 일정이나 변동된 상황으로 인해 급하게 대처를 하거나, 능력 밖의 일을 해내야 할 때입니다.

Q16 비서만의 특별한 매력은 뭘까요?

상사의 일거수일투족을 도와야 하므로 외국어, 커뮤니케이션, 비즈니스 매너 등 많은 지식을 알고 처리할 수 있는 만능이 되어야 합니다. 만능의 역할을 해야 하는 부분이 힘들지만 가장 큰 매력이라고 생각합니다. 그리고 회사 내의 전반적인 분위기나 비즈니스의 흐름과 방향을 익히게 되고, 상사의 업무 노하우와 습관 등을 바로 옆에서 보고 배울 수 있는 것이 큰 매력입니다.

Q17 비전 있는 비서가 되려면 어떤 노력을 해야 할까요?

단순한 비서가 아니라 진정한 파트너가 되기 위해서는 상사와 회사의 비전과 계획을 이해하고 함께 발맞춰 나가야 합니다. 그러기 위해서는 현실에 안주하지 않고 자신에게 요구되는 부분을 찾아서 스스로 채워가고 역량을 키워야 합니다.

Q18 비서를 꿈꾸는 청소년들에게 추천하고 싶은 책이 있다면 부탁드립니다.

전성희 비서의 〈성공하는 CEO 뒤엔 명품 비서가 있다〉, 〈비서 백서〉, 〈비서처럼 일하라〉를 추천하고 싶습니다. 이 책들은 겉핥기식이 아니라 실제 비서의 삶을 잘 보여줘서 비서를 꿈꾸는 청소년들에게 좋은 참고가 될 것입니다.

Q19 비서로서 앞으로의 계획이나 꿈을 말씀해 주세요.

저는 상사의 서포터(supporter)보다는 파트너(partner)의 위치에서 일하고 싶습니다. 그리고 이에 합당한 실력을 갖추기 위해서 비서 업무는 물론이고 회사의 더 세밀한 업무와 회사가 속해 있는 산업에 대해 더 관심을 갖고, 스스로 지식을 익히고 채워 나가려고 노력중입니다.

더불어 영어 번역 공부와 시간이 허락된다면 중국어나 일본어와 같은 제2외국어도 공부해서 상사의 비즈니스 파트너로 성장해 가고 싶습니다.

Q20 비서를 꿈꾸는 청소년들에게 조언 부탁 드립니다.

비서라는 직업이 겉으로는 화려해 보이지만, 결코 쉬운 자리가 아닙니다. 남들보다 더 바쁘고 부지런하게 움직이면서, 많은 생각과 고민을 해야 합니다. 동시에 혼자서 일하기 때문에 외로운 자리이기도 합니다.

비서의 꿈을 갖고 있다면 관련 서적을 읽거나 현업에 있는 비서들의 조언도 들어보기 바랍니다. 본인이 정말 간절히 꿈꾸고 원하는 직업인지를 신중히 고민해 보고, 현실과 비교하는 시간을 거쳐야 합니다. 본인이 꿈꿨던 비서상과 현실은 많이 다를 수 있고, 그 괴리감으로 비서의 자리를 오래 버티지 못하고 그만두는 사람도 많습니다. 실질적으로 비서 업무 영역의 한계는 없기 때문에 하찮고 허드렛일 같은 업무를 감당해야 하는 경우도 많습니다. 비서에 대해 진지한 자세로 고민하고, 또한 비서가 된 후에도 끊임없이 노력하겠다는 각오를 갖기 바랍니다.

관습형 출처

공통 출처

– 〈한 권으로 보는 그림 직업 백과〉: 조은주 · 유수정 글. 진선아이. 2011
– 〈21세기 웅진학습백과사전〉   – 고용노동부 워크넷(www.work.go.kr)
– 커리어넷(www.career.go.kr)

컴퓨터프로그래머

– 〈프로그래머로 사는 법〉: 샘 라이트스톤 지음. 한빛미디어. 2012
– 〈공대 올 사람만 와라〉: 임형민 · 김성계 지음. 하서. 2008
– 〈프로그래머 그 다음 이야기〉: 임백준 · 오병곤 · 이춘식 글. 로드북. 2011
– 〈기자 · 컴퓨터 프로그래머〉: 와이즈멘토 글. 주니어김영사. 2013
– 〈나는 커서 뭐가 될까〉: 황시원 지음. 아울북. 2013
– 〈이공계에 빠져 봅시다〉: 한국과학문화재단 지음. 동아사이언스. 2008

공무원

– 〈나는 공무원이 되고 싶다〉: 이인재 지음. 책비. 2014
– 〈공무원이 말하는 공무원〉: 김미진 외 20명 지음. 부키. 2014
– 〈공무원이 보인다―공무원 되기 ALL 가이드〉: 윤창수 지음. 박문각에듀스파. 2013
– 〈반기문 – 끈기와 성실함으로 세계를 품어라〉: 김경란 저. 살림어린이. 2008
– 〈우리들의 영원한 수사반장〉: 최중락 저. 민중출판사. 2007
– 사이버국가고시센터(http://www.gosi.go.kr)
– 국가고시 정보지원센터(http://dball.co.kr/ind예.php)
– 5급, 7급, 9급 공무험시험 및 외교관 후보자 시험과목 참고자료(http://www.gosi.go.kr/
  cop/bbs/selectBoardArticle.do?nttld=2493&bbsld=BBSMSTR_000000000013)

은행원

– 〈나도 은행원이 되고 싶다〉: 이국헌 지음. 매일경제신문사. 2013
– 〈나의 직업 은행원〉: 청소년행복연구실 지음. 동천출판. 2014
– 〈금융인이 말하는 금융인〉: 강세훈·김인수·서나래·이건희·김성욱 외 지음. 부키. 2013

공인회계사

– 〈회계사가 말하는 회계사〉: 강성원 · 김도연 · 정회림 · 강경모 · 박서욱 지음. 부키. 2006
– 〈회계 천재가 된 홍대리〉: 손봉석. 다산라이프. 2013
– 한국공인회계사회(www.kicpa.or.kr)

비서

– 〈세계로 가는 직업여행〉: 한국고용정보원 노동부. 2011
– 〈미국 속 별난 직업〉: 최영순 저. 한국고용정보원. 2008
– 한국비서협회(http://www.kaap.org/default/)
– 한국팔로우십센터(http://www.secretary.ac/)
– Healthcare Liaison, INC.(www.healthcareliaison.com)
– the Patient Advocacy Coalition(www.patientadvocacy.net)

10대를 위한 직업의 세계

06 관습형 (C)

초판 1쇄 발행   2015년   5월 20일
    5쇄 발행   2019년 12월 10일

저　　자 | 스토리텔링연구소
발 행 인 | 신재석
발 행 처 | (주)삼양미디어
등록번호 | 제10-2285호
주　　소 | 서울시 마포구 양화로 6길 9-28
전　　화 | 02 335 3030
팩　　스 | 02 335 2070
홈페이지 | www.samyang𝓜.com

I S B N | 978-89-5897-303-4 (44370)
        978-89-5897-297-6 (6권 세트)